Basiswerk AG

J. van Amerongen, Hoogeveen, Nederland   *Serieredacteur*
R. Elling, Hengelo Ov, Nederland   *Serieredacteur*
R. Schotsman, Utrecht, Nederland   *Serieredacteur*

Dit boek *Farmaceutisch rekenen* is onderdeel van de reeks Basiswerken AG voor de mbo-opleidingen voor dokters-, apothekers- en tandartsassistenten.

Reeks Basiswerk AG
De boeken in de serie Basiswerken AG bieden kennis voor de opleidingen op mbo-niveau voor dokters-, apothekers- en tandartsassistenten. Bij veel uitgaven zijn online aanvullende materialen beschikbaar, zoals video's, protocollen, toetsen etc.

Bestellen
De boeken zijn te bestellen via de boekhandel of rechtstreeks via de webwinkel van uitgeverij Bohn Stafleu van Loghum: ▶www.bsl.nl

Redactie
De redactie van de serie Basiswerken AG bestaat uit Jan van Amerongen, Rikie Elling en Rianne Schotsman, die ieder de uitgaven van een van de opleidingen coördineren. Zij hebben zelf ook boeken binnen de serie geschreven.

Jan van Amerongen is als arts-docent verbonden aan het Alfa-college te Hoogeveen. Daarnaast is hij actief bij de nascholing van doktersassistenten in Noord-Nederland.

Rikie Elling heeft 13 jaar gewerkt als docent-apotheker en opleidingscoördinator. Momenteel is zij werkzaam als apotheker in Enschede. Ze is betrokken bij de bij- en nascholing van apothekersassistenten en lid van de Commissie Opleidingen van de KNMP.

Rianne Schotsman is mondhygiënist en docent aan de opleiding voor tandartsassistenten van het ROC Midden Nederland te Utrecht. Zij studeert onderwijswetenschappen en heeft een belangrijke rol in de ontwikkeling van het onderwijs tot tandartsassistent.

D. van Hulst

Farmaceutisch rekenen

Derde druk

Houten 2018

ISSN 2468-2381 ISSN 2468-239X (electronic)
Basiswerk AG
ISBN 978-90-368-2018-9 ISBN 978-90-368-2019-6 (eBook)
https://doi.org/10.1007/978-90-368-2019-6

© Bohn Stafleu van Loghum, onderdeel van Springer Media B.V. 2018
Alle rechten voorbehouden. Niets uit deze uitgave mag worden verveelvoudigd, opgeslagen in een geautomatiseerd gegevensbestand, of openbaar gemaakt, in enige vorm of op enige wijze, hetzij elektronisch, mechanisch, door fotokopieën of opnamen, hetzij op enige andere manier, zonder voorafgaande schriftelijke toestemming van de uitgever.

Voor zover het maken van kopieën uit deze uitgave is toegestaan op grond van artikel 16b Auteurswet j° het Besluit van 20 juni 1974, Stb. 351, zoals gewijzigd bij het Besluit van 23 augustus 1985, Stb. 471 en artikel 17 Auteurswet, dient men de daarvoor wettelijk verschuldigde vergoedingen te voldoen aan de Stichting Reprorecht (Postbus 3060, 2130 KB Hoofddorp). Voor het overnemen van (een) gedeelte(n) uit deze uitgave in bloemlezingen, readers en andere compilatiewerken (artikel 16 Auteurswet) dient men zich tot de uitgever te wenden.

Samensteller(s) en uitgever zijn zich volledig bewust van hun taak een betrouwbare uitgave te verzorgen. Niettemin kunnen zij geen aansprakelijkheid aanvaarden voor drukfouten en andere onjuistheden die eventueel in deze uitgave voorkomen.

NUR 891
Basisontwerp omslag: Studio Bassa, Culemborg
Automatische opmaak: Scientific Publishing Services (P) Ltd., Chennai, India

Bohn Stafleu van Loghum
Walmolen 1
Postbus 246
3990 GA Houten

www.bsl.nl

Voorwoord

Bij de derde druk

Deze derde druk van *Farmaceutisch rekenen* kan naast de tweede druk worden gebruikt omdat deze slechts licht gewijzigd is.

Een aantal fouten (rekenfouten) in de tweede druk is gecorrigeerd.

Dayenne van Hulst
oktober 2017

Bij de tweede druk

Deze nieuwe uitgave van *Farmaceutisch rekenen* is een vervolg op het basiswerk *Rekenen*. Het boek is nu volledig naar de situatie van de apothekersassistent toegeschreven. Het sluit aan bij het algemene programma rekenen, zoals dat voor het mbo beschikbaar is en is aangepast aan niveau 3F.

In de apotheek wordt er gerekend rond bereidingen van geneesmiddelen, maar ook bij het afleveren ervan moeten assistenten zicht hebben op de gebruikstermijnen, over afleverhoeveelheden en natuurlijk het rekenen rond doseringen. Daarnaast is de apotheek een bedrijf en dient er rekening gehouden te worden met de kosten die de inkoop en verstrekking van geneesmiddelen met zich meebrengt.

Het boek begint met algemene rekenvaardigheden, waarbij de opgaven zo veel mogelijk betrekking hebben op de apotheek of de schoolsituatie. In ▶H. 7 komt het rekenen bij bereiden en afleveren aan de orde. Bij de paragrafen is aangegeven welke leerstof, naar het oordeel van de redactie, behoort tot het keuzedeel *Bereiden en aseptisch handelen*. In ▶H. 8 gaat het om oefenen met (kinder)doseringen en doseringen op basis van lichaamsoppervlakte. Dat laatste zal voornamelijk van belang zijn voor diegenen die in de opleiding de keuzedelen *Farmaceutische patiëntenzorg* of *Transmurale zorg* gaan volgen.

Ook ▶H. 11 over statistiek is speciaal bedoeld voor diegenen die het keuzedeel *Bereiden en aseptisch handelen* volgen.

De vele opgaven dienen berekend te worden met één decimaal achter de komma, tenzij anders is vermeld.

Dayenne van Hulst

Inhoud

1	**Hoofdbewerkingen**	1
1.1	Uitkomsten schatten	2
1.2	Optellen en aftrekken	5
1.3	Vermenigvuldigen en delen	10
1.4	Machtsverheffen	15
1.5	Exponenten	17
1.6	Romeinse cijfers	19
2	**Breuken**	21
2.1	Breuken optellen	22
2.2	Ongelijknamige breuken en vereenvoudigde breuken	22
2.3	Breuken aftrekken	25
2.3.1	Gemengde getallen optellen en aftrekken	26
2.4	Breuken vermenigvuldigen	27
2.5	Van breuken naar decimale getallen	28
2.6	Afronden	29
3	**Verhoudingen**	33
3.1	Evenredigheid	35
4	**Metrieke stelsel**	41
4.1	SI-eenheden	42
4.2	Decimale voorvoegsels	42
4.3	Inhoudsmaten	45
4.4	Massa (gewicht)	49
4.5	Rekenen met schaalveranderingen	50
4.5.1	Rekenen met milligrammen	51
4.5.2	Rekenen met milliliters	52
4.5.3	Rekenen met concentraties	54
4.6	Druppelgewicht	56
5	**Procenten en promillages**	59
5.1	Procenten	60
5.1.1	Drie toepassingen	61
5.2	Promillages	65
6	**Concentreren, verdunnen en mengen**	67
6.1	Concentraties en percentages	68
6.2	Concentratie van een oplossing	70
6.3	Concentratie en hoeveelheid werkzame stof	71

6.4	Hoeveelheid mengsel	72
6.5	Oplossingen aanpassen	72
6.6	Verdunnen	74

7 Rekenen bij bereiden en afleveren . . . 75
7.1	Zetpilberekeningen	76
7.2	Bereidingshoeveelheden wijzigen	78
7.3	Internationale eenheden	80
7.4	Controleberekeningen	84
7.5	Bewaartermijnen	85
7.6	Afleverhoeveelheden	86

8 Rekenen met doseringen . . . 91
8.1	Doseringen en dranken	92
8.2	Doseringen in dermatologische preparaten	94
8.3	Kinderdoseringen	95
8.4	Doseringen op basis van lichaamsoppervlakte	98

9 Geldzaken . . . 101
9.1	Btw	102
9.2	Geld teruggeven	103
9.3	Kostenberekeningen	104
9.3.1	Laagsteprijsgarantie (LPG)	104
9.3.2	Inkoop, verkoop, winst	106
9.3.3	Constante kosten en variabele kosten	109

10 Leer je rekenmachine kennen . . . 113
10.1	De wetenschappelijke rekenmachine	114

11 Statistiek (keuzedeel *Bereiden en aseptisch handelen*) . . . 121
11.1	Ongewogen gemiddelde	122
11.2	Gewogen gemiddelde	123
11.3	Modus	123
11.4	Rondom het gemiddelde	124
11.4.1	Afwijking	125
11.4.2	Spreidingsbreedte en systematische afwijking	125
11.4.3	Standaarddeviatie en relatieve standaarddeviatie	127

Bijlagen . . . 131
	Antwoorden	132

Hoofdbewerkingen

Samenvatting

De hoofdbewerkingen die in dit hoofdstuk behandeld worden zijn: optellen, aftrekken, vermenigvuldigen, delen en machtsverheffen. Er wordt verondersteld dat je inmiddels al over een aantal vaardigheden beschikt. Dit hoofdstuk benadrukt vooral het *schattend* rekenen, omdat je dit tijdens je werkzaamheden als apothekersassistent goed kunt gebruiken.

1.1 Uitkomsten schatten – 2

1.2 Optellen en aftrekken – 5

1.3 Vermenigvuldigen en delen – 10

1.4 Machtsverheffen – 15

1.5 Exponenten – 17

1.6 Romeinse cijfers – 19

© Bohn Stafleu van Loghum, onderdeel van Springer Media B.V. 2018
D. van Hulst, *Farmaceutisch rekenen*, Basiswerk AG,
https://doi.org/10.1007/978-90-368-2019-6_1

De hoofdbewerkingen die in dit hoofdstuk behandeld worden zijn: optellen, aftrekken, vermenigvuldigen, delen en machtsverheffen. Er wordt verondersteld dat je inmiddels al over een aantal vaardigheden beschikt. Dit hoofdstuk benadrukt vooral het *schattend* rekenen omdat dit tijdens je werkzaamheden apothekersassistent goed kunt gebruiken. Bij deze bewerkingen moet je vooral op het volgende letten:

- Schrijf duidelijk, houd je berekening overzichtelijk en gebruik ruitjespapier.
- Zet bij het optellen en aftrekken de getallen foutloos onder elkaar: de eenheden onder de eenheden, de tientallen onder de tientallen enzovoort.
- Zorg ervoor dat bij het optellen en aftrekken van decimale getallen (getallen met een komma erin), de komma's precies onder elkaar komen.
- Als extra controle: schat wat de uitkomst moet zijn en vergelijk de uitkomst van je schatting met die van de nauwkeurige berekening.

Nog een paar tips die je in de toekomst wellicht kunt gebruiken:

- Werk overzichtelijk, zorg dat je zelf nog weet wat waar staat.
- Kijk naar wat je al wel beheerst en oefen extra wat je nog niet beheerst.
- Het is slim om je antwoorden op vraagstukken (vooral bij toetsen) apart, eventueel onderstreept, te vermelden.

1.1 Uitkomsten schatten

Voor sommigen is deze aanwijzing misschien overbodig, maar toch kan ze nooit kwaad; met het vooraf schatten van uitkomsten voorkom je vaak dat een klein denkfoutje tot een volkomen verkeerd antwoord leidt. Dat schatten van uitkomsten, hoe werkt dat?

Met schatten probeer je niet het exacte antwoord te geven; je probeert een redelijke benadering van de uitkomst te leveren. Dit lijkt nogal als vanzelfsprekend, maar het zal je echt weleens gebeuren dat je door een rekenfoutje of een ongemerkt typefoutje op een rekenmachine ineens een enorme fout maakt. Als je dan eerst een schatting hebt gemaakt, kun je je fout nog herstellen, doordat de verkregen uitkomst niet in de buurt van je inschatting komt.

Voorbeeld 1

Bekijk de volgende optelling:

$495 + 837 + 613 + 289 =$

Maar *denk* intussen (afgerond op hele honderdtallen):

$500 + 800 + 600 + 300 =$

De uitkomst van de denkbeeldige opgave is 2.200, de uitkomst van de eerste opgave: 2.234.

Door getallen niet letterlijk te nemen, maar een getal van bijna dezelfde grootte te nemen, kun je dus een benadering maken van hoe groot het resultaat van een bewerking ongeveer moet zijn.

1.1 · Uitkomsten schatten

Voorbeeld 2

$6.215 - 2.730 =$

kun je benaderen door:

$6.000 - 3.000 = 3.000$.

De uitkomst van dit voorbeeld $= 3.485$.

- **Opgaven**
1. Schat het antwoord van de volgende opgaven.
   a. $632 + 306 + 490 =$
   b. $570 + 590 + 519 =$
   c. $109 + 981 + 920 =$
   d. $872 + 93 + 26 =$
2. Schat bij de volgende opgaven het antwoord door af te ronden op het dichtstbijzijnde duizendtal.
   a. $4.802 + 6.950 =$
   b. $7.878 + 9.215 =$
   c. $38.782 + 16.099 =$
   d. $8.997 + 7.159 + 9.800 + 200 =$
3. Schat ook nu het antwoord door af te ronden op het dichtstbijzijnde duizendtal.
   a. $8.017 - 3.988 =$
   b. $6.421 - 2.443 =$
   c. $9.755 - 2.013 =$
   d. $21.805 - 14.798 =$

Soms kun je een schatting ook gebruiken als 'binnendoorpaadje' naar het goede antwoord.

Voorbeeld 3

$999 + 999 + 999 =$

Aanpak:
Als je deze opgave moet schatten, dan kom je uit op 3.000. Door er weer 3 af te trekken, kom je uit op de juiste uitkomst: 2.997. Kijk goed hoe dat werkt.

$6.000 - 1.997 =$

Schatting levert je een uitkomst van 4.000 op. Daarna tel je er 3 bij en kom je uit op 4.003.

Ook bij vermenigvuldigen en delen is deze truc toepasbaar. Wees vooral niet te bang om grof af te ronden; je wilt alleen maar weten hoe groot je uitkomst ongeveer is.

- **Opgaven**
4. Gebruik een schatting om aan het goede antwoord te komen.
   a. $9.998 + 9.978 =$
   b. $93 + 95 + 97 + 95 =$
   c. $4.100 - 890 =$
   d. $5.011 - 2.989 =$
5. Schat bij de volgende opgaven het antwoord door af te ronden en bereken dan uit je hoofd het juiste antwoord.
   a. $6 \times 15 \times 200 =$
   b. $320 \times 12 \times 2 =$
   c. $400 \times 50 \times 25 =$
   d. $85 \times 30 \times 100 =$
   e. $30 : 4 =$
   f. $300 : 12 =$
   g. $39 : 6 =$
   h. $28.830 : 30 =$

- **Nog iets over schattingen**

In de praktijk werk je vaak met getallen. Houd daarbij steeds in de gaten dat die getallen ergens voor staan. Stel jezelf steeds voor waar je antwoord in de praktijk op neerkomt. Hier volgen een paar voorbeelden om dit te verduidelijken.

Voorbeeld 4

Eén tablet paracetamol weegt 500 mg. Hoeveel wegen tien tabletten?

Als je even niet goed oplet, heb je zo opgeschreven dat tien tabletten 5.000 g wegen. Vijf kilogram paracetamol is veel, en er zal zeker geprotesteerd worden. Het juiste antwoord is 5.000 mg (= 5 g).

Voorbeeld 5

Een liter water weegt een kilogram. Op de vraag hoeveel het water weegt in een zwembad met een inhoud van 300 m³ is 300 g echt niet het goede antwoord. Probeer je maar eens voor te stellen dat je in een zwembad duikt waarin de badmeester net een limonadeblikje met water heeft leeggegoten.

Kortom:
- Lees de opgave goed en zorg ervoor dat je de opdracht begrijpt.
- Bedenk voordat je daadwerkelijk met het rekenen begint, wat je doen moet.
- Maak een schatting van de uitkomst.
- Bereken het antwoord en wees je bewust waarmee je bezig bent.
- Controleer je uitkomst en doet dat ook nog eens aan de hand van je schatting.

1.2 Optellen en aftrekken

Bij optellen en aftrekken moet je geschikte combinaties zoeken die de optelling of aftrekking gemakkelijker maken. We geven een paar voorbeelden.

Voorbeeld 6
$395 + 1.335 =$
a. 1.730
b. 1.633
c. 1.733
d. 1.732

Aanpak:
Hier kun je het best van 395 eerst 400 maken door er 5 bij op te tellen. Dan moet je wel 5 van 1.335 aftrekken. De uitkomst is dus 1.730 (a).

Voorbeeld 7
$100 - 17,04 - 33,13 =$
a. 48,46
b. 49,83
c. 49,46
d. 48,83

Aanpak:
Kijk eerst of er getallen zijn die je gemakkelijk van elkaar af kunt trekken. Hier is dat het geval: $100 - 50(17 + 33) = 50$. Daar trek je nog 0,17 van af. Uitkomst $50 - 0,17 = 49,83$ (b).

Opgaven
6. Reken de volgende opgaven uit. Voordat je gaat hoofdrekenen, schat je eerst de uitkomst in. Controleer nadien je antwoord met de schatting die je hebt gemaakt.
   a. $3,5 + \ldots = 10$
   b. $23,4 + 54,32 =$
   c. $2,6 + \ldots = 10$
   d. $6.734 + 3.266 =$
   e. $44 + 27 =$
   f. $111 + 99 =$
   g. $31 + 29 =$
   h. $27 + 16 + 43 + 14 =$
   i. $400 - 255 =$
   j. $131 + 418 + 112 =$

k. $375 + 15 =$
l. $96 - 48 =$
m. $12.345 + 54.321 =$
n. $48 - 17 =$

7. Reken de volgende opgaven uit. Voordat je gaat hoofdrekenen, schat je eerst de uitkomst in. Controleer nadien je antwoord met de schatting die je hebt gemaakt.
    a. $103 - 16 =$
    b. $1.000 - 34,5 =$
    c. $710 - 71 =$
    d. $870 - 0,87 =$
    e. $1 - 0,367 =$
    f. $27,5 - 5\frac{2}{3} =$
    g. $4\frac{3}{8} + 5\frac{7}{8} =$
    h. $\frac{2}{3} + 5\frac{2}{3} =$
    i. $7\frac{7}{8} - 5 =$

8. In een bepaald jaar zaten er op een driejarige opleiding tot apothekersassistent 150 studenten in de eerste klassen, 125 studenten in de tweede klassen en 130 studenten in de derde klassen. Hoeveel studenten volgden de opleiding tot apothekersassistent?

9. Trek af.
    a. € 3,25 − € 1,75 =
    b. € 31,16 − € 12,77 =
    c. € 365,16 − € 299,02 =
    d. € 1.000,50 − € 935,36 =
    e. $545 - (310 + 25) =$
    f. $2,52 + 1,18 - 0,52 - 1,48 + 2,35 =$
    g. $27,5 - 5\frac{1}{2} =$
    h. $\frac{3}{4} - 0,15 - 0,05 =$
    i. $1,75 - \frac{1}{4} - \frac{7}{8} =$

Intermezzo 1

Meerkeuzevragen. In principe zou je iedere opgave binnen tien seconden moeten kunnen beantwoorden.

1. Hoeveel is $265 + 141 + 205 + 109$?
    a. 830
    b. 720
    c. 730
    d. 810

1.2 · Optellen en aftrekken

2. Hoeveel is 96 + 628?
    a. 718
    b. 634
    c. 728
    d. 724
3. Hoeveel is 299 + 103 + 211 + 347?
    a. 960
    b. 860
    c. 1.050
    d. 950
4. Hoeveel is 406 + 320?
    a. 810
    b. 726
    c. 806
    d. 816
5. Hoeveel is 209 + 273 + 101?
    a. 603
    b. 673
    c. 483
    d. 583
6. Hoeveel is 97 + 5.128?
    a. 5.225
    b. 5.313
    c. 5.229
    d. 5.223
7. Hoeveel is 139 + 225 + 365?
    a. 719
    b. 639
    c. 619
    d. 729
8. Hoeveel is 1.738 + 398?
    a. 2.139
    b. 2.134
    c. 2.136
    d. 2.224
9. Hoeveel is 431 + 187 + 243?
    a. 761
    b. 861
    c. 871
    d. 771
10. Hoeveel is 8.030 + 501?
    a. 8.619
    b. 8.531
    c. 8.532
    d. 8.534

11. Hoeveel is 295 + 139 + 195 + 321?
    a. 940
    b. 860
    c. 1.050
    d. 950
12. Hoeveel is 322 + 204?
    a. 526
    b. 522
    c. 436
    d. 520
13. Hoeveel is 609 + 267 + 113?
    a. 999
    b. 1.079
    c. 1.099
    d. 989
14. Hoeveel is 685 − 39 − 85 − 191?
    a. 380
    b. 370
    c. 350
    d. 270
15. Hoeveel is 6.211 − 596?
    a. 5.613
    b. 5.615
    c. 5.515
    d. 5.605
16. Hoeveel is 665 − 24 − 65?
    a. 576
    b. 586
    c. 476
    d. 556
17. Hoeveel is 905 − 60 − 270 − 5?
    a. 570
    b. 560
    c. 670
    d. 550
18. Hoeveel is 6.556 − 899?
    a. 5.657
    b. 5.655
    c. 5.667
    d. 5.557

19. Hoeveel is 627 − 46 − 27?
    a. 534
    b. 454
    c. 564
    d. 554
20. Hoeveel is 441 − 53 − 41 − 217?
    a. 120
    b. 130
    c. 150
    d. 30
21. Hoeveel is 7.328 − 299?
    a. 7.029
    b. 7.027
    c. 7.039
    d. 6.929
22. Hoeveel is 105 − 28 − 5?
    a. 92
    b. 172
    c. 62
    d. 72
23. Hoeveel is 968 − 23 − 68 − 317?
    a. 580
    b. 660
    c. 550
    d. 560
24. Hoeveel is 7.141 − 596?
    a. 6.445
    b. 6.535
    c. 6.543
    d. 6.545

1.3 Vermenigvuldigen en delen

- Vermenigvuldigen

Vermenigvuldigen is herhaald optellen.

Voorbeeld 8

4 keer 6 noem je een vermenigvuldiging. Door 4 keer 6 uit te schrijven krijg je het volgende:

4 keer $6 = 6 + 6 + 6 + 6 = 24$.

In plaats van 4 keer het getal 6 op te schrijven, schrijven we 4 keer 6 of 4×6.
Bij vermenigvuldigen geldt de zogenoemde wisselwet; dit betekent dat je de getallen van plaats mag verwisselen. De uitkomst blijft gelijk.

Bij *meervoudig* vermenigvuldigen, vermenigvuldig je eerst twee getallen met elkaar en daarna vermenigvuldig je de uitkomst hiervan met een volgend getal enzovoort.

Voorbeeld 9

$5 \times 13 \times 200$ kun je uitrekenen door eerst 5×200 uit te reken en dit te vermenigvuldigen met 13 (dit kan alleen bij vermenigvuldigen).

Dus: $5 \times 200 = 1.000$ en vervolgens: $13 \times 1.000 = 13.000$.

- Delen

Delen is herhaald aftrekken totdat je op 0 eindigt of op een restgetal.

Voorbeeld 10

$72 : 12 =$

Aanpak:
$72 - 12(= 60) - 12(= 48) - 12(= 36) - 12(= 24) - 12(= 12) - 12 = 0$
Je kunt de 12 zesmaal aftrekken van de 72, het antwoord is dus: 6.

Voorbeeld 11

Als je niet op 0 eindigt, maar niet verder kunt aftrekken omdat het resterende getal te klein is, noemen we dat getal het 'restgetal'.
$10 : 3 =$

Aanpak:
$10 - 3(= 7) - 3(= 4) - 3(= 1)$
Je kunt de 3 driemaal aftrekken van de 10; van 1 kun je geen 3 meer aftrekken; dat is dus het restgetal. Het antwoord is dus: $3\frac{1}{3}$.

1.3 · Vermenigvuldigen en delen

Deelsommen kunnen op verschillende manieren gedaan worden, bijvoorbeeld met de haakdeling of de staartdeling:
- Bij een haakdeling schrijf je het getal waardoor je gaat delen vóór de haak. Het getal waardoor je deelt, zet je na de haak. Je bedenkt hoeveel keer je het deelgetal door het getal kunt delen. Dit getal trek je van het getal af en dan zet je het resultaat aan de andere kant van de haak. Zo ga je door totdat je niet meer kunt aftrekken.
- Bij een staartdeling zet je het getal dat je moet delen tussen haakjes en het getal waardoor je deelt aan de linkerkant. Je begint te delen aan de linkerkant van het getal tussen de strepen. De uitkomst schrijf je ook vanaf links.

Kies voor jezelf een manier die bij je past.
Ook bij vermenigvuldigen en delen geldt:
- Schrijf duidelijk!
- Schat wat de uitkomst moet zijn en vergelijk dat met het resultaat van de berekening.

▪ Opgaven

10. Reken de volgende opgaven uit. Voordat je gaat hoofdrekenen, schat je eerst de uitkomst in. Controleer nadien je antwoord met de schatting die je hebt gemaakt.
    a. $18 \times 25 =$
    b. $3 \times 4 \times 5 =$
    c. $56 : 7 =$
    d. $600 : 40 =$
    e. $75{,}5 : 10 =$
    f. $25 \times 73 \times 40 =$
    g. $12 : 5 =$
    h. $60 \times 1{,}2 =$
    i. $6 \times 16 =$

11. Reken de volgende opgaven uit. Voordat je gaat hoofdrekenen, schat je eerst de uitkomst in. Controleer nadien je antwoord met de schatting die je hebt gemaakt.
    a. $6 \times 98 =$
    b. $500 : 8 =$
    c. $1.200 : 0{,}3 =$
    d. $12 : 6 =$
    e. $120 : 600 =$
    f. $12 : 0{,}6 =$
    g. $120 : 0{,}06 =$
    h. $88 \times 24 : 44 =$
    i. $30 \times 12 =$

12. In een klas zitten 24 studenten die ieder € 2 per week sparen om aan het einde van het schooljaar een uitstapje te kunnen maken. Hoeveel hebben ze gespaard in 32 weken?

Soms is het handig om bij vermenigvuldigingen en delingen trucjes te gebruiken. Bijvoorbeeld: als je een getal vermenigvuldigt met 100, kun je er gewoon twee nullen achter zetten of de komma twee plaatsen naar rechts verschuiven. Bedenk zelf eens wat er gebeurt als je een getal door 100 deelt?

Vermenigvuldigen met 5 is hetzelfde als vermenigvuldigen met 10 en daarna delen door 2.
Voorbeeld: $240 \times 5 = 240 \times 10 : 2 = 2.400 : 2 = 1.200$.

Delen door 5 is hetzelfde als vermenigvuldigen met 2 en delen door 10.
Voorbeeld: $1.135 : 5 = 1.135 \times 2 : 10 = 2.270 : 10 = 227$.

Snel rekenen kun je ook met breuken, maar daarover later meer.

Voorbeeld: $0{,}125 \times \left(= \dfrac{1}{8}\right) \times 160 = 160 : 8 = 20$.

- Opgaven

13. Reken de volgende opgaven uit. Voordat je gaat hoofdrekenen, schat je eerst de uitkomst in. Controleer nadien je antwoord met de schatting die je hebt gemaakt.
    a. $340 : 5 =$
    b. $340 : 0{,}5 =$
    c. $34 : 0{,}05 =$
    d. $0{,}25 \times 2.400 =$
    e. $0{,}375 \times 1.680 =$
    f. $25 \times 60 \times 4 =$
    g. $125 \times 55 \times 16 =$
    h. $0{,}625 \times 880 =$
    i. $3.030{,}30 : 6 =$
    j. $2.222 : 11 =$
    k. $4.004 \times 5 =$
    l. $750 : 2{,}5 =$
    m. $600 \times 2{,}5 =$
    n. $800 \times 7{,}5 =$
    o. $800 : 0{,}75 =$
    p. $16 : 2 =$
    q. $16 : 0{,}5 =$
    r. $16 : 0{,}25 =$
    s. $200 \times 0{,}25 =$
    t. $200 \times 0{,}75 =$
    u. $33 \times 11 =$
    v. $1.445 : 5 =$

Intermezzo 2

Meerkeuzevragen. In principe zou je iedere opgave binnen tien seconden moeten kunnen beantwoorden.

1. Hoeveel is 25×26?
    a. 650
    b. 660
    c. 630
    d. 680

2. Hoeveel is 8 × 92?
   a. 706
   b. 716
   c. 746
   d. 736
3. Hoeveel is 24 × 45?
   a. 1.090
   b. 1.080
   c. 1.110
   d. 1.100
4. Hoeveel is 7 × 73?
   a. 511
   b. 501
   c. 491
   d. 541
5. Hoeveel is 35 × 26?
   a. 880
   b. 890
   c. 900
   d. 910
6. Hoeveel is 8 × 84?
   a. 672
   b. 682
   c. 652
   d. 702
7. Hoeveel is 16 × 45?
   a. 750
   b. 740
   c. 710
   d. 720
8. Hoeveel is 8 × 72?
   a. 596
   b. 606
   c. 576
   d. 586
9. Hoeveel is 18 × 15?
   a. 240
   b. 250
   c. 280
   d. 270

10. Hoeveel is 5 × 85?
    a. 440
    b. 390
    c. 425
    d. 430
11. Hoeveel is 240 : 0,8?
    a. 300
    b. 30
    c. 3.000
    d. 30.000
12. Hoeveel is 27.063 : 90?
    a. 30.070
    b. 300.700
    c. 300,7
    d. 30,07
13. Hoeveel is 298 : 2?
    a. 149
    b. 146
    c. 150
    d. 142
14. Hoeveel is 48.054 : 6?
    a. 8.009
    b. 800,9
    c. 800.900
    d. 8.009.000
15. Hoeveel is 180 : 0,2?
    a. 9
    b. 9.000
    c. 90
    d. 900
16. Hoeveel is 27.012 : 30?
    a. 900,4
    b. 9.004
    c. 9,004
    d. 900.400
17. Hoeveel is 796 : 2?
    a. 406
    b. 402
    c. 397
    d. 398
18. Hoeveel is 24.027 : 3?
    a. 8.009
    b. 80.090
    c. 80,09
    d. 8,009

19. Hoeveel is 21 : 0,7?
    a. 0,3
    b. 300
    c. 3
    d. 30
20. Hoeveel is 32.056 : 80?
    a. 400,7
    b. 40,07
    c. 40.070
    d. 400.700
21. Hoeveel is 890 : 5?
    a. 181
    b. 172
    c. 178
    d. 173

1.4 Machtsverheffen

Machtsverheffen is een kortere schrijfwijze voor herhaalde vermenigvuldiging met hetzelfde getal. Het getal dat je met zichzelf vermenigvuldigt, noemen we het grondtal. Hoe vaak het grondtal moet vermenigvuldigen noemen we de exponent.

Zo betekent $2 \times 2 \times 2$ eigenlijk: vermenigvuldig het getal 2 driemaal met zichzelf.

Kort opgeschreven: 2^3. Daarin is 2 het *grondtal* van de macht en 3 de *exponent* van de macht. We spreken 2^3 uit als: 'de derde macht van 2', of '2 tot de macht 3', of '2 tot de derde'.

Bij het optellen en aftrekken van machten moet je steeds eerst de machten uitrekenen:

Voorbeeld 12
$2^3 + 2^3 = (2 \times 2 \times 2) + (2 \times 2 \times 2) = 8 + 8 = 16$
$3^6 - 3^2 = (3 \times 3 \times 3 \times 3 \times 3 \times 3) - (3 \times 3) = 729 - 9 = 720$

Bij het *vermenigvuldigen* van machten met *dezelfde grondtallen*, tel je de exponenten bij elkaar op:

Voorbeeld 13 – exponenten optellen
$2^3 \times 2^4 = (2 \times 2 \times 2) \times (2 \times 2 \times 2 \times 2) = 2^{(3+4=)7}$
$3^4 \times 3^5 = 3^{(4+5=)9}$

Bij het *delen* van machten met *dezelfde grondtallen* trek je de exponenten van elkaar af:

Voorbeeld 14 – exponenten aftrekken
$2^5 : 2^4 = 2^{(5-4=)1}$
$3^8 : ^5 = 3^{(8-5=)3}$

- Opgaven

14. Schrijf de volgende opgave uit als een macht van het grondtal.
    a. $2 \times 2 =$
    b. $4 \times 4 =$
    c. $38 \times 38 =$
    d. $256 \times 256 =$
    e. $9 \times 9 = 3\ldots$
    f. $7 \times 7 \times 7 =$
    g. $4 \times 4 \times 4 \times 4 =$
    h. $10 \times 10 \times 10 =$

15. Reken de volgende opgaven uit.
    a. $2^4 =$
    b. $3^3 =$
    c. $10^5 =$
    d. $3^4 =$
    e. $5^3 =$
    f. $12^2 =$
    g. $30^2 =$
    h. $2^4 + 2^2 =$
    i. $3^2 + 3^5 =$
    j. $3^3 \times 4^2 =$
    k. $10^3 \times 10^4 =$
    l. $2^4 \times 2^2 =$
    m. $3^2 \times 3^3 =$
    n. $10^4 \times 10^3 =$
    o. $4^{10} : 4^8 =$
    p. $16^{27} : 16^{25} =$
    q. $20^8 : 20^6 =$
    r. $5^{16} : 5^{13} =$
    s. $7^{17} \times 7^{18} : 7^{34}$

16. Reken de volgende opgaven uit.
    a. $\dfrac{2^2 \times 4^2}{8^2} =$
    b. $\dfrac{25 \times 27}{15} =$
    c. $\dfrac{16^4 \times 17^5}{16^3 \times 17^5} =$
    d. $\dfrac{5^{10} \times 3^9}{15^9} =$

1.5 Exponenten

In de natuurwetenschappen worden heel grote en heel kleine getallen geschreven met behulp van exponenten. De reden is dat deze getallen op die manier schrijf- en leesbaar blijven. Je kunt deze schrijfwijze op allerlei plekken tegenkomen.

De methode werkt met machten van 10. De exponent komt overeen met het aantal nullen.

Bekijk de volgende reeksen goed.

1	10	100	1.000	10.000	100.000	1.000.000
10^0	10^1	10^2	10^3	10^4	10^5	10^6

1	0,1	0,01	0,001	0,0001	0,00001	0,000001
10^0	10^{-1}	10^{-2}	10^{-3}	10^{-4}	10^{-5}	10^{-6}

Voorbeeld 15
$100 = 10 \times 10$, en dat schrijf je als: 10^2.
$200 = 2 \times 100$ en dat schrijf je als: 2×10^2.
$250.000 = 2,5 \times 100.000$ en dat schrijf je als: $2,5 \times 10^5$.
$150.000.000.000 = 1,5 \times 100.000.000.000$ en dat schrijf je als: $1,5 \times 10^{11}$.
$0,01 = 1 : 100$ en dat schrijf je als: 1×10^{-2}.
$0,002 = 2 \times 0,001 = 2 \times 1 : 1.000$ en dat schrijf je als: 2×10^{-3}.
$0,00045 = 4,5 \times 0,0001 = 4,5 \times 1 : 10.000$ en dat schrijf je als: $4,5 \times 10^{-4}$.

Let op het volgende:
In de wereld van het rekenen hebben we afgesproken dat het getal dat als eerste genoemd wordt altijd een getal tussen de 1 en de 10 moet zijn.

- Opgaven

17. Schrijf de volgende getallen op als exponent.
    a. 1.000
    b. 10.000
    c. 1.000.000
    d. 1.000.000.000
    e. 20.000
    f. 2.500
    g. 750.000
    h. 0,001
    i. 0,000.000.1
    j. 0,0002
    k. 0,075
    l. 0,000.000.000.84
    m. 0,009
    n. 0,04

18. Schrijf de volgende getallen uit als decimaal.
    a. 2×10^2
    b. 4×10^5
    c. $3,6 \times 10^6$
    d. 5×10^8
    e. 3×10^{-2}
    f. $1,5 \times 10^{-4}$
    g. $8,6 \times 10^{-6}$
    h. $6,2 \times 10^{23}$
19. Bedenk goed bij jezelf wat steeds het verschil is tussen beide berekeningen:
    a. 4×10^3 en 3×10^4
    b. 5^3 en 5×10^3
    c. 2^4 en 2×10^4
    d. 3×10^2 en 6×10^6

Het grote voordeel van het werken met exponenten is dat je op deze manier makkelijker foutloos erg grote getallen met elkaar kunt vermenigvuldigen en door elkaar kunt delen. Je hoeft daarbij ook geen nullen te tellen of komma's te verschuiven.

Voorbeeld 16
$2.000 \times 30.000 = 60.000.000$
In exponenten wordt dit:
$2 \times 10^3 \times 3 \times 10^4 = 2 \times 3 \times 10^3 \times 10^4 = 6 \times 10^7$
Bij vermenigvuldigen mag je immers de exponenten bij elkaar optellen.

Voorbeeld 17
$6.000.000 : 200 = 30.000$
In exponenten wordt dit:
$$\frac{6 \cdot 10^6}{2 \cdot 10^2} = \frac{6}{2} \cdot \frac{10^6}{10^2} = 3 \cdot 10^4$$
Bij delen mag je de exponenten immers van elkaar aftrekken.

- Opgaven
20. Reken de volgende berekeningen uit:
    a. $\dfrac{8 \cdot 10^3}{4 \cdot 10^2} =$
    b. $6 \times 10^{25} \times 1,6 \times 10^{-19} =$
    c. $\dfrac{4 \cdot 10^2}{2 \cdot 10^{-1}} =$
    d. $\dfrac{6 \cdot 10^{23}}{3 \cdot 10^{12}} =$

e. $4 \cdot 10^4 \times 2 \cdot 10^{-3} =$

f. $\dfrac{5 \cdot 10^{30}}{2,5 \cdot 10^{25}} =$

21. Reken de volgende berekeningen uit:

    a. $\dfrac{2 \cdot 10^5}{4 \cdot 10^{-2}} =$

    b. $6 \cdot 10^{23} \times 2,5 \cdot 10^{22} =$

    c. $\dfrac{4 \cdot 10^3}{6 \cdot 10^{-3}} =$

    d. $\dfrac{6 \cdot 10^{23}}{5 \cdot 10^{24}} =$

    e. $4 \cdot 10^4 \times 2,5 \cdot 10^{-3} =$

    f. $\dfrac{5 \cdot 10^{12}}{8 \cdot 10^{-25}} =$

1.6 Romeinse cijfers

In de oudheid telde men onder andere met behulp van het zogenoemde spijkerschrift. Iedere spijker heeft daarbij zijn eigen waarde. Ook werden er kleine tekeningetjes gebruikt om bepaalde hoeveelheden aan te geven. Tot ver in de middeleeuwen was het in onze omgeving heel gewoon om met Romeinse cijfers te rekenen. Pas later gingen de mensen Arabische cijfers gebruiken. In de praktijk komen Romeinse cijfers nog wel eens voor op recepten, waarbij mensen zelden hoger gaan dan het getal 300. Het kan geen kwaad om een klein beetje met deze cijfers te spelen en te oefenen.

Romeinse cijfers 1 tot en met 10:
1. I
2. II
3. III
4. IV (5 − 1)
5. V
6. IV (5 + 1)
7. VII (5 + 2)
8. VIII (5 + 3)
9. IX (10 − 1)
10. X

Vaste symbolen voor de getallen zijn:
- 1 = I
- 5 = V
- 10 = X
- 50 = L
- 100 = C
- 500 = D
- 1.000 = M

Voor het tellen met Romeinse cijfers gelden de volgende regels:
- V (5), L (50) en D (500) komen in een getal nooit vaker dan één keer voor, omdat er dan ook andere symbolen gebruikt kunnen worden, bijvoorbeeld MV = 1.500.
- I, X en C worden nooit vaker dan drie keer gebruikt, bijvoorbeeld XVIII = 18.
- Het hoogste cijfer staat vooraan; dus eerst de duizendtallen, dan de honderdtallen, dan de tientallen en ten slotte de eenheden, bijvoorbeeld: 199 is CXCIX.
- Indien er een Romeins cijfer van een lagere waarde *tussen* andere Romeinse cijfers staat, moet je gaan rekenen, bijvoorbeeld: XXIX.
  Aanpak: XX = 2 × 10 = 20. Tel daarbij de IX (9) op. 20 + 9 = 29.

Voorbeeld 18
Op een gebouw staat: Anno MCDLXVII. Welk jaartal wordt er bedoeld?

Aanpak:
- M = 1.000
- CD = 400 (C vóór D betekent 500 − 100)
- L = 50
- X = 10
- VII = 7

Dus het jaartal is 1.467.

Opgaven

22. Schrijf de volgende getallen in Arabische (gewone) cijfers.
    a. XVI
    b. XXV
    c. XLVIII
    d. LXXXVII
    e. CLXXV
    f. CLXXVII
    g. CCCXXXV
    h. DCVIII
23. Schrijf in Romeinse cijfers.
    a. 28
    b. 33
    c. 49
    d. 198
    e. 297
    f. 455
24. Leg uit waarom de snoepfabrikant M&M's zichzelf uitriep als de niet-officiële sponsor van het jaar 2000.
25. Op een gebouw staat: MDCCXXVIII. Welk jaartal wordt ermee aangegeven?

Breuken

Samenvatting

Als je hele getallen deelt, kunnen er breuken ontstaan. Een breuk is een deel van iets. Je hebt 'iets' in gelijke delen verdeeld. Wanneer je een kwart van een pizza hebt, dan heb je de pizza in vier gelijke delen gesneden.

2.1 Breuken optellen – 22

2.2 Ongelijknamige breuken en vereenvoudigde breuken – 22

2.3 Breuken aftrekken – 25
2.3.1 Gemengde getallen optellen en aftrekken – 26

2.4 Breuken vermenigvuldigen – 27

2.5 Van breuken naar decimale getallen – 28

2.6 Afronden – 29

© Bohn Stafleu van Loghum, onderdeel van Springer Media B.V. 2018
D. van Hulst, *Farmaceutisch rekenen*, Basiswerk AG,
https://doi.org/10.1007/978-90-368-2019-6_2

Als je hele getallen deelt, kunnen er breuken ontstaan. Een breuk is een deel van iets. Je hebt 'iets' in gelijke delen verdeeld. Wanneer je een kwart van een pizza hebt, dan heb je de pizza in vier gelijke delen gesneden.

Een breuk heeft een teller – het getal boven de streep – en een noemer – het getal onder de streep. De teller geeft het aantal stukjes van de breuk weer en de noemer geeft de naam van de breuk weer. In de breuk $\frac{7}{8}$ is 7 de teller en 8 de noemer.

In dit hoofdstuk kun je nog eens extra oefenen met breuken. Als je deze vaardigheid voldoende beheerst, kun je de opgaven in dit hoofdstuk maken zonder rekenmachine. Anders kan het natuurlijk ook mét. Probeer het in ieder geval zonder rekenmachine totdat je echt vastloopt. Voor het werken met breuken op een rekenmachine kun je ▶H. 10 raadplegen.

2.1 Breuken optellen

De balk in ◻fig. 2.1 is in twee stukken en in vier stukken verdeeld. Elk kwart stuk is $\frac{1}{4}$ deel van de balk. Die breuk geeft dus aan: 1 gedeeld door 4. De breuk $\frac{1}{4}$ stelt een deel voor van iets, in dit geval de balk die in vier stukken verdeeld is. De breuk zelf is ook een getal. De *teller* is 1 en de *noemer* is 4.

Aangezien breuken getallen zijn, kunnen we ze optellen: $\frac{1}{4} + \frac{1}{4} + \frac{2}{4} = \frac{4}{4} = 1$.

Op dezelfde manier werkt ook: $\frac{7}{8} + \frac{3}{8} = \frac{7+3}{8} = \frac{10}{8} = 1\frac{2}{8}$.

Bij het optellen van breuken worden de tellers bij elkaar opgeteld. De noemer verandert niet.

Na de berekening controleer je of je nog helen uit de breuk kunt halen. Dit is mogelijk als de teller groter is dan de noemer.

Voorbeeld: uit de teller van $\frac{11}{7}$ kun je één hele 7 halen. Dan blijven er nog 4 over. Je schrijft de breuk dan als $1\frac{4}{7}$.

2.2 Ongelijknamige breuken en vereenvoudigde breuken

- Gelijknamige en ongelijknamige breuken

Als twee breuken geen gelijke noemer hebben, dan hebben zij niet dezelfde 'naam'. We spreken dan van *niet-gelijknamige* breuken. Niet-gelijknamige breuken kun je niet bij elkaar optellen. Je moet deze breuken eerst dezelfde naam geven.

2.2 · Ongelijknamige breuken en vereenvoudigde breuken

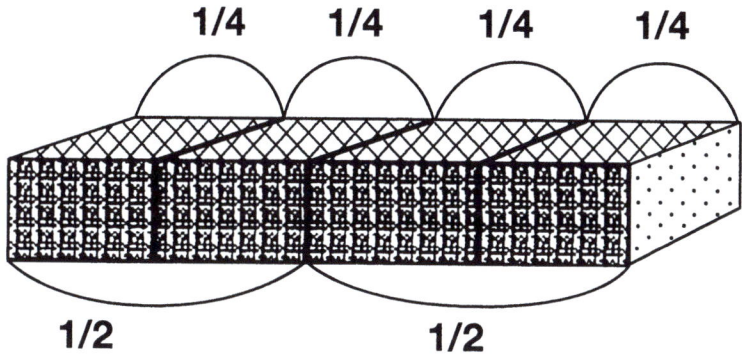

Figuur 2.1 Breuken optellen.

Voorbeeld 1
Hoeveel is $\frac{1}{2} + \frac{1}{6}$?

Aanpak:

Je gaat eerst op zoek naar een getal dat zowel een veelvoud is van de noemer van $\frac{1}{2}$ als van de noemer van $\frac{1}{6}$. Dit getal komt zowel in de tafel van 2 als van 6 voor. Bij deze opgave is dit $2 \times 6 = 12$ en $6 \times 2 = 12$.

Beide breuken kun je dus met de noemer 12 gelijknamig maken. Ze hebben nu allebei de naam 'twaalfden'. Je kunt $\frac{1}{2}$ dus schrijven als $\frac{6}{12}$. Omdat je de noemer 6 keer zo groot hebt gemaakt, moet je de teller ook 6 keer zo groot maken.

Dit geldt ook voor $\frac{1}{6}$. Dit schrijf je nu als $\frac{2}{12}$ omdat je de noemer 2 keer hebt vergroot en dan moet je ook de teller 2 keer vergroten.

Breuken vereenvoudigen
Bekijk de volgende opgave:

$$\frac{6}{12} + \frac{2}{12} = \frac{8}{12}$$

De uitkomst $\frac{8}{12}$ kun je nog verkleinen ofwel *vereenvoudigen*. Je kunt dan zowel de teller als de noemer door hetzelfde getal delen. Bij $\frac{8}{12}$ is zowel de teller als de noemer deelbaar door 4. Je kunt dus $\frac{8}{12}$ vereenvoudigen naar $\frac{2}{3}$.

Voorbeeld 2

De breuk $\frac{40}{60}$ is te vervangen door al de volgende breuken: $\frac{20}{30}, \frac{10}{15}, \frac{8}{12}, \frac{4}{6}, \frac{2}{3}$, namelijk door teller en noemer te delen door respectievelijk 2, 4, 5, 10 en 20.

We proberen altijd om de breuk met zo klein mogelijke getallen te beschrijven: $\frac{2}{3}$. We hebben de breuk daarmee vereenvoudigd.

Een voorbeeld waarin beide bewerkingen toegepast moeten worden:

Voorbeeld 3

$1\frac{2}{5} + 1\frac{2}{4} =$

De noemer maak je gelijkwaardig door de volgende berekening uit te voeren:

$5 \times 4 = 20$ en $4 \times 5 = 20$

$\frac{2}{5}$ wordt dan $\frac{8}{20}$ en $\frac{2}{4}$ wordt dan $\frac{10}{20}$.

De opgave luidt dan als volgt:

$1\frac{8}{20} + 1\frac{10}{20} = 2\frac{18}{20}$ en dit is weer te vereenvoudigen tot $2\frac{9}{10}$.

In plaats van de breuk $\frac{8}{24}$ mag je ook schrijven: $\frac{4}{12}, \frac{2}{6}$ of $\frac{1}{3}$.

De teller en de noemer worden hierbij telkens gedeeld door 2. Met andere woorden: je hebt de breuk stap voor stap vereenvoudigd, maar je moet de teller en de noemer wel altijd door hetzelfde getal delen.

We hebben afgesproken dat als het mogelijk is een breuk te vereenvoudigen, je dat ook moet doen.

- Opgaven

1. Vereenvoudig de volgende breuken
    a. $\frac{48}{60}$
    b. $\frac{44}{242}$
    c. $\frac{1.250}{2.400}$
    d. $\frac{256}{1.440}$
    e. $\frac{168}{840}$
    f. $\frac{125}{375}$

2.3 · Breuken aftrekken

2. Tel deze gelijknamige breuken bij elkaar op en vereenvoudig indien mogelijk:
   a. $\dfrac{7}{13} + \dfrac{3}{13} =$
   b. $\dfrac{9}{31} + \dfrac{12}{31} + \dfrac{..}{31} = 1$

3. Tel deze ongelijknamige breuken bij elkaar op en vereenvoudig indien mogelijk:
   a. $3\dfrac{1}{6} + 4\dfrac{2}{5} =$
   b. $6\dfrac{6}{7} + 8\dfrac{7}{8} =$
   c. $9\dfrac{3}{12} + 5\dfrac{3}{9} =$
   d. $15\dfrac{7}{8} + 4\dfrac{1}{5} =$
   e. $\dfrac{1}{8} + \dfrac{..}{24} = 1$
   f. $\dfrac{1}{8} + \dfrac{5}{12} + \dfrac{1}{6} =$
   g. $\dfrac{1}{16} + \dfrac{3}{8} + \dfrac{5}{32} =$
   h. $\dfrac{1}{6} + \dfrac{2}{15} = \dfrac{..}{30}$

2.3 Breuken aftrekken

Evenals voor het optellen van breuken is het voor het aftrekken van breuken noodzakelijk om de breuken gelijknamig te maken. Alleen gelijknamige breuken kun je van elkaar aftrekken.

Voorbeeld 4

$\dfrac{3}{5} - \dfrac{1}{5} = \dfrac{2}{5}$ of $\dfrac{11}{12} - \dfrac{7}{12} = \dfrac{4}{12}$

De tellers worden van elkaar afgetrokken, de noemers blijven gelijk.

Als de breuken niet dezelfde noemer hebben, dan moet je ze eerst gelijknamig maken voordat je de berekening kunt uitvoeren. Dit gaat op dezelfde manier als bij optellen.

2.3.1 Gemengde getallen optellen en aftrekken

Getallen als $4\frac{2}{3}$ en $4\frac{23}{25}$ zijn combinaties van hele getallen en breuken. Dat noemen we *gemengde getallen*. Het optellen en aftrekken van deze getallen is soms lastig. Daarom laten we nog een paar voorbeelden zien.

Voorbeeld 5

$$4\frac{1}{3} + 3\frac{1}{8} = 4\frac{8}{24} + 3\frac{3}{24} = 7\frac{11}{24}$$

Aanpak:
Het optellen van de hele getallen is erg simpel: $4 + 3 = 7$

Vervolgens maak je de breuken gelijknamig:
$\frac{1}{3}$ wordt $\frac{8}{24}$ en $\frac{1}{8}$ wordt $\frac{3}{24}$.

Dan tel je alles bij elkaar op: $7 + \frac{11}{24} = 7\frac{11}{24}$.

Voorbeeld 6

$$5\frac{5}{6} - 3\frac{2}{8} = 5\frac{20}{24} - 3\frac{6}{24} = 2\frac{14}{24} = 2\frac{7}{12}$$

Aanpak:
Eerst maak je de breuken gelijknamig:
$\frac{5}{6}$ wordt $\frac{20}{24}$ en $\frac{2}{8}$ wordt $\frac{6}{24}$.

Dan trek je af, eerst de hele getallen en dan de gelijknamige breuken:
$5 - 3 = 2$ en $\frac{20}{24} - \frac{6}{24} = \frac{14}{24} = \frac{7}{12}$.

Het antwoord luidt dan: $2\frac{7}{12}$.

- Opgaven

4. Breuken optellen en aftrekken:

    a. $21\frac{2}{15} - 19\frac{4}{10} =$

    b. $11 - 7\frac{5}{6} =$

    c. $1 - \frac{3}{16} =$

    d. $\frac{..}{32} - \frac{2}{8} = \frac{1}{32}$

    e. $7\frac{3}{7} - 6\frac{6}{25} =$

f. $\dfrac{58}{125} - \dfrac{2}{5} =$

g. $3\dfrac{1}{2} - 2\dfrac{3}{8} =$

h. $\dfrac{33}{42} - \dfrac{15}{84} =$

i. $3\dfrac{4}{7} + 4\dfrac{4}{21} =$

j. $6\dfrac{4}{5} + 8\dfrac{1}{5} =$

k. $3\dfrac{5}{8} + 4\dfrac{5}{8} =$

l. $2\dfrac{5}{6} + 3\dfrac{2}{3} =$

m. $7\dfrac{3}{8} - 2\dfrac{7}{8} =$

n. $5 - 3\dfrac{7}{12} =$

o. $3\dfrac{5}{9} - 1\dfrac{7}{9} =$

p. $6\dfrac{5}{8} - 3\dfrac{7}{8} =$

2.4 Breuken vermenigvuldigen

Wanneer je een heel getal vermenigvuldigt met een gebroken getal – bijvoorbeeld $3 \times \dfrac{1}{4}$ – dan moet je het hele getal vermenigvuldigen met de teller van de breuk, dus $3 \times \dfrac{1}{4} = \dfrac{3}{4}$ (zie ● fig. 2.1).

Wanneer je hele getallen vermenigvuldigt met gemengde getallen ga je als volgt te werk:

Voorbeeld 7

$3 \times 2\dfrac{1}{7} = 6\dfrac{3}{7}$

Aanpak:
Eerst 3×2 en daarna $3 \times \dfrac{1}{7} = 6\dfrac{3}{7}$.

Voorbeeld 8

Wanneer je twee (of meer) breuken met elkaar vermenigvuldigt, geldt de regel:

teller × teller en noemer × noemer.

Dus: $\dfrac{2}{6} \times \dfrac{6}{7} = \dfrac{12}{42} = \dfrac{2}{7}$.

- Opgaven
5. Breuken vermenigvuldigen:

    a. $\dfrac{1}{2} \times \dfrac{1}{3} \times \dfrac{1}{4} =$

    b. $\dfrac{5}{8} \times 72 =$

    c. $12 \times \dfrac{5}{8} =$

    d. $\dfrac{2}{15} \times 75 =$

    e. $60 \times \dfrac{5}{12} =$

2.5 Van breuken naar decimale getallen

Decimale getallen zijn getallen waarin een komma staat. Dat noemen we ook wel kommagetallen of tiendelige breuken. De cijfers achter de komma kun je ook als breuk schrijven.

De volgende breuken hebben de noemers 10, 100 en 1.000:

- $0{,}5 = \dfrac{5}{10}$ (1 cijfer achter de komma: tienden)
- $0{,}03 = \dfrac{3}{100}$ (2 cijfers achter de komma: honderdsten)
- $0{,}006 = \dfrac{6}{1.000}$ (3 cijfers achter de komma: duizendsten).

Van sommige breuken kun je gemakkelijk een kommagetal maken.

Breuken met de noemers 2, 5 en 10 kun je veranderen in tienden (2, 5 en 10 zijn immers delers van 10):

- $2 \to \dfrac{1}{2} = \dfrac{5}{10} = 0{,}5$
- $5 \to \dfrac{1}{5} = \dfrac{2}{10} = 0{,}2$
- $10 \to \dfrac{1}{10} = \dfrac{1}{10} = 0{,}1$

2.6 · Afronden

Breuken met de noemers 4, 25, 50 en 100 kun je veranderen in honderdsten (4, 25, 50 en 100 zijn immers delers van 100):

- $4 \rightarrow \dfrac{1}{4} = \dfrac{25}{100} = 0{,}25$
- $25 \rightarrow \dfrac{1}{25} = \dfrac{4}{100} = 0{,}04$
- $50 \rightarrow \dfrac{1}{50} = \dfrac{2}{100} = 0{,}02$
- $100 \rightarrow \dfrac{1}{100} = 0{,}01$

Breuken met de noemers 8, 40, 125, 250, 500 en 1.000 kun je veranderen in duizendsten (deze getallen zijn immers delers van 1.000):

- $8 \rightarrow \dfrac{1}{8} = \dfrac{125}{1.000} = 0{,}125$
- $40 \rightarrow \dfrac{1}{40} = \dfrac{25}{1.000} = 0{,}025$
- $125 \rightarrow \dfrac{1}{125} = \dfrac{8}{1.000} = 0{,}008$
- $250 \rightarrow \dfrac{1}{250} = \dfrac{4}{1.000} = 0{,}004$
- $500 \rightarrow \dfrac{1}{500} = \dfrac{2}{1.000} = 0{,}002$
- $1.000 \rightarrow \dfrac{1}{1.000} = 0{,}001$

Voorbeeld 9

Van de breuk $\dfrac{4}{5}$ kun je op twee manieren een kommagetal maken:

- $\dfrac{4}{5} = \dfrac{8}{10} = 0{,}8$
- $\dfrac{4}{5}$ betekent 4 : 5 (teller gedeeld door de noemer) $= 0{,}8$.

Vaak is het niet makkelijk om een breuk te veranderen in een breuk met 10, 100 of 1.000 als noemer. Dan moet je wel doen zoals in voorbeeld 9. Het is dan belangrijk om te weten hoever je moet delen, dus hoeveel cijfers er achter de komma moeten komen. In dat geval krijg je te maken met afronden.

2.6 Afronden

$\dfrac{1}{3}$ betekent 1 : 3; de uitkomst is 0,3333333…
Wanneer je moet afronden op twee cijfers achter de komma (dus afronden in honderdsten), dan is de uitkomst 0,33. Dit is een *rekenkundige afronding*.

Wanneer je moet afronden op twee cijfers achter de komma, dan bepaalt het derde cijfer achter de komma de afronding. Als dat cijfer 0, 1, 2, 3 of 4 is, dan verandert het tweede cijfer niet. We spreken van afronding naar beneden. Als het derde cijfer 5, 6, 7, 8 of 9 is, dan rond je af naar boven.

Hier moet dus de uitkomst 0,33 zijn, omdat het derde cijfer een 3 is.

$\frac{2}{3}$ betekent 2 : 3; de uitkomst is 0,666666… Als je dit getal afrondt op twee cijfers achter de komma, is de uitkomst 0,67. Het derde getal, de 6, bepaalt de afronding naar boven.

- Opgaven

6. Schrijf als kommagetallen:

   a. $\frac{3}{5} =$

   b. $\frac{1}{4} =$

   c. $\frac{3}{4} =$

   d. $\frac{1}{8} =$

   e. $\frac{3}{8} =$

   f. $\frac{4}{25} =$

   g. $\frac{9}{100} =$

   h. $\frac{77}{100} =$

   i. $\frac{1}{125} =$

   j. $\frac{11}{125} =$

   k. $\frac{1}{500} =$

   l. $\frac{99}{500} =$

   m. $\frac{23}{250} =$

   n. $\frac{9}{1.000} =$

2.6 · Afronden

7. Schrijf als kommagetal en rond af op twee decimalen:
   a. $\dfrac{1}{6} =$
   b. $\dfrac{1}{7} =$
   c. $\dfrac{2}{3} =$
   d. $\dfrac{5}{6} =$

8. Schrijf als kommagetal en rond af op drie decimalen:
   a. $\dfrac{1}{3} =$
   b. $\dfrac{2}{3} =$
   c. $\dfrac{1}{6} =$

9. Schrijf de volgende getallen als een gewone breuk en vereenvoudig ze. Als je deze vraag met een rekenmachine maakt, tik het getal dan in met 10, 100 of 1.000 als noemer, bijvoorbeeld: $\dfrac{5}{10}$.
   a. 0,125 =
   b. 0,375 =
   c. 0,625 =
   d. 0,875 =
   e. 0,55 =
   f. 5,75 =
   g. 25,25 =
   h. 625,625 =

Verhoudingen

Samenvatting

Je hebt elke dag te maken met verhoudingen. De ene fiets is twee keer zo duur als de andere, de ene student woont half zo ver van school als de andere enzovoort. Verder komen verhoudingen vaak voor in kookboeken en in geneeskundige receptuur. Je gebruikt verhoudingen bijvoorbeeld als je een oplossing voor een antibioticadrank maakt.

3.1   Evenredigheid – 35

© Bohn Stafleu van Loghum, onderdeel van Springer Media B.V. 2018
D. van Hulst, *Farmaceutisch rekenen*, Basiswerk AG,
https://doi.org/10.1007/978-90-368-2019-6_3

Je hebt elke dag te maken met verhoudingen. De ene fiets is twee keer zo duur als de andere, de ene student woont half zo ver van school als de andere enzovoort. Verder komen verhoudingen vaak voor in kookboeken en in geneeskundige receptuur. Je gebruikt verhoudingen bijvoorbeeld als je een oplossing voor een antibioticadrank maakt.

In dit hoofdstuk leer je:
- verhoudingen opstellen en die verhoudingen toepassen op onder meer verdelingen;
- een bepaalde verhouding omrekenen naar andere hoeveelheden.

Voorbeeld 1

Ahmed en Simon hebben een klusje geklaard waarvoor ze samen €120,- hebben gekregen. Ahmed heeft er één uur aan gewerkt en Simon drie uur. Ze spreken af dat ze het geld zullen verdelen naar verhouding van het aantal gewerkte uren.

Hoeveel krijgt Ahmed en hoeveel krijgt Simon?

Aanpak:
€120,- moet worden verdeeld in de verhouding 1 : 3.
Je verdeelt de €120,- eerst in 1 + 3 = 4 gelijke delen:
€120, - : 4 = €30, -
Van deze gelijke delen van €30,- krijgt Ahmed er één en Simon drie.
Ahmed krijgt dus 1 × €30,− = €30,− en Simon krijgt 3 × €30,− = €90,−
In cijfers:
Ahmed krijgt $\frac{1}{4}$ × €120,− = €30,− en Simon krijgt $\frac{3}{4}$ × €120,− = €90,−.

Voorbeeld 2

Je mengt twee vloeistoffen met elkaar, vloeistof A en vloeistof B. Je voegt steeds aan één derde liter van vloeistof A een hele liter van vloeistof B toe. Je gaat hiermee door totdat je 8 liter mengsel hebt.

Welke hoeveelheden moet je van elke vloeistof nemen?

Aanpak:
Je kunt de verhouding tussen vloeistof A en vloeistof B opschrijven als: $\frac{1}{3}$: 1. Om verhoudingsgetallen te krijgen waarmee je gemakkelijker kunt werken, vermenigvuldig je de twee verhoudingsgetallen met 3. Als je beide getallen met hetzelfde getal vermenigvuldigt, blijft de verhouding namelijk hetzelfde. Je krijgt dan A : B = 1 : 3.

Volgens deze verhouding zijn er 1 + 3 = 4 delen. Die 4 delen samen zijn 8 l. Elk deel is dus 8 l : 4 = 2 l.

Van A neem je 1 deel – dat is 2 l – en van B 3 delen – dat is 6 l.

Afspraken over verhoudingen:
Verhoudingen schrijf je in hele getallen. Je mag de verhoudingsgetallen (indien nodig) vermenigvuldigen met hetzelfde getal.

Bijvoorbeeld: $\frac{1}{3} : 3 = 3 : 9$.

Je mag de verhoudingsgetallen (indien nodig) ook delen door hetzelfde getal.

Bijvoorbeeld: $4 : 6 = 2 : 3$.

3.1 Evenredigheid

We zagen net dat $4 : 6 = 2 : 3$. We noemen zo'n vergelijking een evenredigheid. Hierbij noemen we 4 en 3 de *buitentermen* (ze staan aan de buitenkant) en 6 en 2 de *binnentermen*.

Het product van de buitentermen van een evenredigheid is gelijk aan het product van de binnentermen: $4 \times 3 = 6 \times 2 = 12$.

Met dit gegeven kun je altijd het vierde getal van een evenredigheid vinden als de drie andere getallen bekend zijn.

Voorbeeld 3
Welk cijfer moet op de plaats van y staan in de evenredigheid: $3 : y = 4 : 8$?

Aanpak:
Het product van de buitentermen is gelijk aan het product van de binnentermen.

Dus: $3 \times 8 = 4 \times y$.

Anders opgeschreven: $y = \frac{3 \times 8}{4} = 6$.

Een andere manier om verhoudingen overzichtelijk op te schrijven, werkt ook met dit principe van evenredigheid:

Voorbeeld 4
Stel dat je een kinderfeestje moet verzorgen. Om van alle geknoei af te zijn wil je de ranja voor het feestje begint vast mengen. Voor het aantal kinderen heb je 10 l ranja nodig en de ranja moet verdund worden in de verhouding één deel aanmaaklimonade op vijf delen water. Dat is zes delen in totaal. Hoeveel pure aanmaaklimonade heb je nodig?

Aanpak:
Je kunt het zo opschrijven:

ranja	totaal
1 deel	6 delen
X liter	10 l

of in het kort:

1	6
X	10

Lees dat als één deel wordt zes delen, hoeveel liter heb ik nodig voor 10 l?

Wanneer je nu de getallen kruislings vermenigvuldigt, rolt het antwoord er meteen uit:
$6 \times X = 1 \times 10$

Delen door 6 aan beide kanten levert:
$$X = \frac{1 \times 10}{6} = 1{,}67 \text{ l}$$
En dat getal vul je vervolgens met 8,33 l water aan tot 10 l.

Voorbeeld 5
Voor het maken van boeuf bourguignon (een stoofgerecht van rundvlees) heb je voor vier personen 400 g runderlappen nodig. Hoeveel runderlappen heb je nodig voor zes personen?

Aanpak:
Door simpel te redeneren zie je al dat je per persoon 100 g nodig hebt, en dus voor 6 personen 600 g. In een tabelvorm ziet het er zo uit:

4	400
6	X

Ofwel: $X \times 4 = 6 \times 400$
Dus: $X = \dfrac{6 \times 400}{4} = 2.400 : 4 = 600$ g.

Voorbeeld 6
Op recepten kunnen verhoudingen voorkomen die op een andere manier geschreven worden. Vooral bij poeders komt dit voor. In een opdracht staat bijvoorbeeld: 'Je maakt een verwrijving van 500 mg paracetamol met lactose in de verhouding 1 = 4.'

Aanpak:
Wat staat daar eigenlijk? Paracetamol en lactose zijn allebei vaste stoffen. Een verhouding 1 = 4 betekent: je 'verdunt' 500 mg paracetamol met lactose tot je 4 delen hebt. Je neemt dus 500 mg paracetamol en 1.500 mg lactose (= 3 delen). Zo krijg je 2.000 mg (= 4 delen) van het mengsel.

3.1 · Evenredigheid

■ Opgaven

1. Hamideh en Dayenne verdelen vijftien appels in de verhouding 1 : 4. Hoeveel krijgt ieder?
2. Drie mensen verdelen € 1.800,–, waarbij C drie keer zoveel krijgt als B, terwijl B twee keer zoveel krijgt als A. Hoeveel krijgt ieder?
3. Een bijtend schoonmaakmiddel moet met water verdund worden in de verhouding 1 deel schoonmaakmiddel op 125 delen water. Hoeveel liter water moet aan 40 ml schoonmaakmiddel worden toegevoegd?
4. Jente, Eva en Bram verdelen € 300,–. Jente krijgt € 20,– meer dan Bram, Eva krijgt € 40,– meer dan Bram.
   a. Hoeveel krijgt ieder?
   b. In welke verhouding vindt de verdeling plaats?
5. Laila en Anne verdelen € 120,–. Laila krijgt € 20,– meer dan Anne.
   a. Hoeveel krijgt ieder?
   b. Hoe is de verhouding tussen de bedragen? (Vereenvoudig!).
   c. Verdeel nu in dezelfde verhouding € 372,–.
6. Om een goed smakende ranja te maken moet je die verdunnen met water in een verhouding 1 : 6. Je heb een fles ranja gekocht van 700 ml. Hoeveel liter verdunde limonade kun je daarmee maken? Probeer deze opgave ook te doen met behulp van de verhoudingenregel (zie ▶ voorbeeld 4).
7. Om een bepaalde likeur te maken moet je aan 20 l suikerstroop 10 l water en 20 l pure alcohol toevoegen. Op die manier krijg je 50 l. Hoeveel van alles moet je mengen als je maar 2 l wilt maken?
8. In een ouderwets recept voor 'kauwgummi tegen kiespijn' staan de volgende ingrediënten:
   – bijenwas: 60 dl;
   – Venetiaanse terpentijn: 10 dl;
   – gommastik in poeder: 10 dl;
   – ethylaminobenzoaat: 5 dl;
   – drakenbloedhars: 10 dl;
   – kruidnagelolie: 5 dl (dit is het werkzame bestanddeel).

Smelt eerst de bijenwas en de terpentijn samen. Voeg dan de gommastik toe en roer tot alles opgelost is. Voeg daarna de ethylaminobenzoaat toe en ten slotte de drakenbloedhars en de kruidnagelolie. Giet de massa in stiften. De afkorting dl slaat hier op het aantal (volume)delen.
   a. Hoeveel delen heb je in totaal?
   b. Wanneer je 100 ml van deze 'kauwgummi' wilt maken, hoeveel ml bijenwas heb je dan nodig?
   c. Hoeveel drakenbloedhars heb je nodig voor het bereiden van 250 ml?

Overigens raadt het recept aan om zo snel mogelijk naar 'den tandarts' te gaan!

9. Je hebt een recept gevonden voor sterretjesvuurwerk. Je hebt daarvoor nodig:
    kaliumchloraat: 300 dl;
    gegranuleerd aluminium (fijngemalen aluminium): 60 dl;
    houtskool: 2 dl.
   Het poeder moet gemengd worden met een 10 % dextrineoplossing (een zetmeelachtige lijmstof) tot een dikke pap en die wordt vervolgens op ijzerdraad of houtspanen aangebracht. (Deze dextrineoplossing doet verder in de berekeningen overigens niet mee.)
   a. Hoeveel delen heb je in totaal?
   b. Wanneer je 100 ml van dit sterretjesvuurwerk wilt maken, hoeveel ml aluminiumpoeder heb je dan nodig?
   c. Hoeveel houtskool heb je nodig voor het bereiden van 250 ml?
10. 'Astmakaarsjes' (een soort wierookstokjes die verlichting zouden brengen bij astma). werden gemaakt met het volgende recept. Probeer dit recept niet uit! Nodig:
    doornappelblad in poeder: 120 delen;
    kaliumnitraat: 72 delen;
    perubalsem (een kleefstof): 2 delen;
    poedersuiker: 1 deel;
    tragacanth (een andere kleefstof): 4 delen.
   Voeg water toe totdat je een kneedbare massa hebt. Vervolgens rol je deze tot kleine staafjes en droog je ze. Ook hier gaat het weer om volumedelen (dus in ml).
   a. Hoeveel delen heb je in totaal?
   b. Wanneer je 100 ml van deze astmakaarsjes wilt maken, hoeveel kaliumnitraat heb je dan nodig?
   c. Hoeveel gemalen en gedroogd doornappelblad heb je nodig voor het bereiden van 250 ml?
11. Simone en Jeroen hebben samen € 128,- verdiend. Ze willen dat verdelen in de verhouding 5 : 6, want Simone heeft er meer voor gedaan. Hoeveel krijgt ieder?
12. Een (echt bestaand) recept voor 'Grand Van Belleghem' luidt: neem 1 sinaasappel, 40 suikerklontjes en 40 koffiebonen en laat die 40 dagen staan in 1 l vieux.
    a. Hoeveel van alles heb je nodig als je 12 l vieux wilt gebruiken?
    b. Dezelfde vraag, maar nu heb je maar 750 ml vieux.
    c. Hoelang moet die 750 ml staan? (Denk goed na!)
13. Een recept voor tandpasta vermeldt de volgende hoeveelheden:
    25 g geprecipiteerd krijt (calciumcarbonaat);
    18 ml glycerine (ook glycerol genoemd, 87 % kwaliteit, soortelijk gewicht 1,23);
    1,5 g pepermuntolie;
    25 ml vers kraanwater;
    10 ml geur- en smaakloos vloeibaar afwasmiddel (Neutral);
    1,5 g kleefpoeder voor protheses (Kukident);
    6 kunstmatige zoetstoftabletjes (Natrena).

Op de goede manier verwerkt levert dat 80 g tandpasta op (is ongeveer de inhoud van één tube). Voor een open dag van je opleiding wil je dertig tubes maken. Hoeveel van alle ingrediënten heb je dan nodig?

14. Voor een bepaalde sterkte waterstofperoxide moet je 12 ml voorraadoplossing verdunnen met 88 ml water. Je hebt dan 100 ml. Met hoeveel ml water moet je 270 ml waterstofperoxide verdunnen en hoeveel ml van de verdunning krijg je dan?
15. Voor een bepaalde sterkte moet je 7,5 ml geconcentreerd zoutzuur verdunnen tot 50 ml. Hoeveel geconcentreerd zoutzuur heb je nodig om 475 ml oplossing met eenzelfde sterkte te krijgen?
16. Van een verwrijving van vitamine C (1 = 50) met lactose wil je uiteindelijk 40 tabletten van 500 mg maken. Hoeveel vitamine C en hoeveel lactose moet je afwegen?
17. Prednisolon wordt verwreven met primojel® in een verwrijving 1 = 3. Je hebt uiteindelijk 1.200 mg van het verwreven mengsel nodig. Hoeveel weeg je van alles af?
18. 60 mg atropinesulfaat wordt in een verhouding 1 = 100 verwreven met lactose. Hoeveel lactose heb je nodig en hoeveel mg verwrijving krijg je?
19. Hoe groot is Y in de volgende opgaven?
    a. $1 : Y = 5 : 10$
    b. $y : 2\frac{1}{2} = 4 : 20$
    c. $3 : Y = 6 : 8$
    d. $8 : 12 = 24 : Y$
    e. $5 : 20 = Y : 100$
    f. $Y : 14 = 16 : 32$
    g. $0{,}2 : 4 = 1 : Y$
    h. $\frac{1}{2} : \frac{1}{3} = 9 : y$
    i. $\frac{1}{2} : y = 2 : 16$

Metrieke stelsel

Samenvatting

In vroeger tijden had elk land (of zelfs elke stad) zijn eigen maten voor lengte, oppervlakte, gewicht en tijd. Dat maakte meten en wegen erg lastig. Vanaf 1978 geldt er een internationale afspraak om overal ter wereld dezelfde eenheden te gebruiken. Dit zijn de officiële SI-eenheden (afkorting van het Franse *Système International*). Maar sommige oude eenheden zijn zo ingeburgerd dat bijna iedereen ze nog gebruikt. Veel mensen drukken de energiewaarde van voedingsmiddelen nog uit in calorieën, terwijl dit officieel in joules moet. Wij gebruiken graden Celsius voor de temperatuur, maar landen als Groot-Brittannië en de Verenigde Staten gebruiken graden Fahrenheit. In diezelfde landen worden afstanden vaak nog uitgedrukt in mijlen, oppervlakte in vierkante voeten en inhouden in gallons (ca. 4,5 l), pints (ongeveer 0,45 l) en fluid ounces. Ook de tijdrekening is niet overal hetzelfde. Het islamitische jaar is korter dan het internationaal erkende jaar van 365,2524 dagen, omdat er wordt gerekend in maan-maanden van 28 dagen.

4.1   SI-eenheden – 42

4.2   Decimale voorvoegsels – 42

4.3   Inhoudsmaten – 45

4.4   Massa (gewicht) – 49

4.5   Rekenen met schaalveranderingen – 50
4.5.1   Rekenen met milligrammen – 51
4.5.2   Rekenen met milliliters – 52
4.5.3   Rekenen met concentraties – 54

4.6   Druppelgewicht – 56

© Bohn Stafleu van Loghum, onderdeel van Springer Media B.V. 2018
D. van Hulst, *Farmaceutisch rekenen*, Basiswerk AG,
https://doi.org/10.1007/978-90-368-2019-6_4

In vroeger tijden had elk land (of zelfs elke stad) zijn eigen maten voor lengte, oppervlakte, gewicht en tijd. Dat maakte meten en wegen erg lastig. Vanaf 1978 geldt er een internationale afspraak om overal ter wereld dezelfde eenheden te gebruiken. Dit zijn de officiële SI-eenheden (afkorting van het Franse *Système International*). Maar sommige oude eenheden zijn zo ingeburgerd dat bijna iedereen ze nog gebruikt. Veel mensen drukken de energiewaarde van voedingsmiddelen nog uit in calorieën, terwijl dit officieel in joules moet. Wij gebruiken graden Celsius voor de temperatuur, maar landen als Groot-Brittannië en de Verenigde Staten gebruiken graden Fahrenheit. In diezelfde landen worden afstanden vaak nog uitgedrukt in mijlen, oppervlakte in vierkante voeten en inhouden in gallons (ca. 4,5 l), pints (ongeveer 0,45 l) en fluid ounces. Ook de tijdrekening is niet overal hetzelfde. Het islamitische jaar is korter dan het internationaal erkende jaar van 365,2524 dagen, omdat er wordt gerekend in maan-maanden van 28 dagen.

Verder komt in dit hoofdstuk het werken met decimale voorvoegsels en het verband tussen verschillende inhoudsmaten aan de orde.

4.1 SI-eenheden

De zeven grondeenheden van het SI vind je in tab. 4.1.

In het SI wordt er gesproken over massa in plaats van gewicht. Dat komt omdat het gewicht van een voorwerp beïnvloed wordt door de aarde, en het gewicht daardoor veranderlijk is. Je kunt dus wel gewichtsloos zijn, maar niet massaloos. Omdat dit verschil voor ons niet interessant is, laten we dit in dit boek verder buiten beschouwing.

De SI-eenheid van temperatuur is Kelvin, en niet graden Celsius, ook al wordt die eenheid over de hele wereld nog volop gebruikt. In de praktijk werk je niet met temperaturen in Kelvin en we gaan er in dit boek ook niet verder op in.

Van een flink aantal grondeenheden bestaan afgeleiden die je tijdens je opleiding en je werk, maar ook in het dagelijks leven, gegarandeerd tegen zult komen. Omdat sommige eenheden nogal klein zijn, of juist heel groot, worden er ook veel voorvoegsels gebruikt. Die vind je in de volgende paragraaf. Een aantal daarvan ken je waarschijnlijk al.

4.2 Decimale voorvoegsels

In tab. 4.2 staan de voorvoegsels uit het SI die je moet kennen, omdat ze dikwijls in je werk zullen voorkomen.

- Opmerkingen:
- Mega wordt afgekort met de hoofdletter M. Milli wordt afgekort met de kleine letter m. Daarmee zijn de m'en dus op. Daarom is voor micro de Griekse letter m geleend: de μ (spreek uit: mu).
- Tussen kilo en mega zitten drie stappen van 10, net als tussen milli en micro.
- In het basisonderwijs wordt ook veel gewerkt met andere voorvoegsels (zoals deca en hecto), maar omdat die in de praktijk niet vaak voorkomen, slaan we ze hier over.

Tabel 4.1 De zeven grondeenheden van het SI.

de eenheid van	naam	symbool
lengte	meter	m
tijd	seconde	s
massa	kilogram	kg (internationaal : k)
temperatuur	Kelvin	K
elektrische stroom	ampère	A
lichtsterkte	candela	cd
hoeveelheid stof	mol	mol

Tabel 4.2 Voorvoegsels uit het SI.

1 kg =							
10	1 hg =						
100	10	1 dag =					
1.000	100	10	1 g =				
10.000	1.000	100	10	1 dg =			
100.000	10.000	1.000	100	10	1 cg =		
1.000.000	100.000	10.000	1.000	100	10	1 mg =	
	0,1 kg	0,1 hg	0,1 dag	0,1 g	0,1 dg	0,1 cg	
		0,01 kg	0,01 hg	0,01 dag	0,01 g	0,01 dg	
			0,001 kg	0,001 hg	0,001 dag	0,001 g	
				0,0001 kg	0,0001 hg	0,0001 dag	
					0,00001 kg	0,00001 hg	
						0,000001 kg	

Voorbeeld 1

1 g = 10 dg = 100 cg = 1.000 mg

Dus in dit geval gaat de komma steeds een plaats naar rechts.

1 mg = 0,1 cg = 0,01 dg = 0,001 g

En in dit geval gaat de komma steeds een plaats naar links.

Voorbeeld 2

1 kg (= 10 hg = 100 dag) = 1.000 g

1 g (= 0,1 dag = 0,01 hg) = 0,001 kg

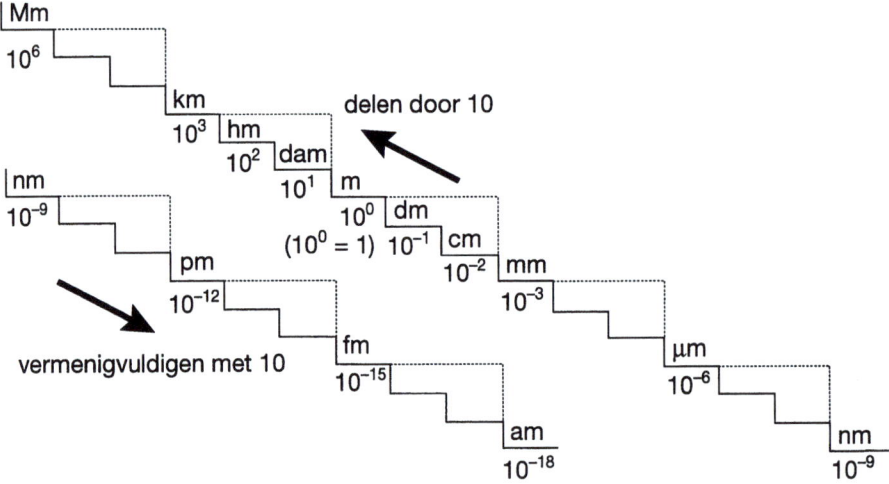

■ **Figuur 4.1** Eenheden.

- Alle eenheden

In de voorbeelden zijn de decimale voorvoegsels gebruikt bij grammen. Je kunt ze natuurlijk ook gebruiken bij meters en bij elke andere eenheid. Zo heb je bijvoorbeeld milliliters, milliseconden en megajoules. Het 'trapje' in ■fig. 4.1 kan een nuttig hulpmiddel zijn.

Al is het niet helemaal correct, de decimale voorvoegsels worden ook gebruikt in de computerbranche: 1 kb = 1.000 bytes, 1 Mb = 1.000 kilobyte (en 1 Gb = 1.000 Mb).

- Opgaven
1. Reken de volgende opgaven uit:
    a. 2 g = … µg
    b. 4 g = … mg
    c. 4 mg = … µg
    d. 500 mg = … g
    e. 3,5 kg = … g
    f. 5,5 g = … mg
    g. 375 µg = … mg
    h. 1 mg = … µg
    i. 786 mg = … g
    j. 30 mg = … g
    k. 400 mg = … g

4.3 Inhoudsmaten

Heel belangrijk is het verschil tussen de massa van een voorwerp – hoe zwaar iets is, gemeten in grammen of kilogrammen – en het volume van dat voorwerp – hoe groot iets is, hoeveel ruimte het inneemt, gemeten in cm^3, dm^3 of liters.

De inhoudsmaten zijn in de gezondheidszorg verreweg de belangrijkste. Daar moet je dus goed mee kunnen rekenen. Een paar maten die vaak voorkomen, kun je uit je hoofd leren.

Voorbeeld 3
Het blok in ◻fig. 4.2 is 1 m lang, 1 m breed en 1 m hoog.

De inhoud van dit blok is: lengte × breedte × hoogte = 1 m × 1 m × 1 m = 1 m^3.

We spreken nu niet van 'een meter tot de derde', maar van kubieke meter.

- **Kubieke meters**

Als eenheid van volume wordt in het SI de kubieke meter gebruikt. Die is echter nogal groot en daarom werken we in de praktijk liever met een afgeleide eenheid, namelijk: 1 dm × 1 dm × 1 dm = 1 dm^3, zie ◻fig. 4.3.

De volgende eenheden zul je ook geregeld tegenkomen:

1 dm = 10 cm, dus: 1 dm^3 = 10 cm × 10 cm × 10 cm = 1.000 cm^3
1 dm = 100 mm, dus: 1 dm^3 = 100 mm × 100 mm × 100 mm = 1.000.000 mm^3

- **Liters**

In de praktijk is het vaak eenvoudiger om niet te werken met cm^3 en dm^3, maar met liters en de afgeleiden daarvan. Dit gaat op dezelfde manier als de andere eenheden in het SI:

1 l = 1.000 ml (veel gebruikt!)
1 ml = 0,001 l

Let op: soms wordt voor liter ook de afkorting L gebruikt.

Voor het omrekenen van dm^3 en cm^3 naar liter, dl, cl en ml moet je goed onthouden:
1 l = 1 dm^3, zie ◻fig. 4.4 en ◻fig. 4.5.
En omdat 1 dm^3 = 1.000 cm^3 en 1 l = 1.000 ml, geldt ook:
1 cm^3 = 1 ml (= 1 cc)

In de praktijk krijg je regelmatig te maken met maatcilinders en injectiespuiten waarop een maatverdeling in ml staat. De cm^3 en de ml worden dus door elkaar heen gebruikt. (Overigens kom je ook nog weleens de maat cc tegen, dat is de oude afkorting van 'cubieke centimeter'.)

Andere voorkomende maateenheden:
- een theelepel (cochlear theae) = 3 ml;
- een paplepel (cochlear parvum) = 8 ml;
- een eetlepel (cochlear cibarium) = 15 ml;
- een maatlepel; deze bestaat in diverse maten en wordt bij het medicijn geleverd.

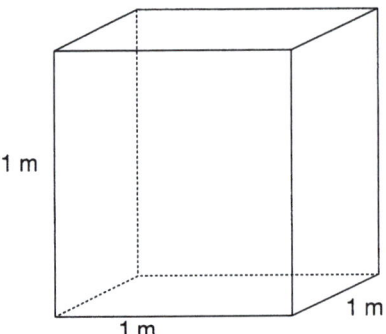

◘ **Figuur 4.2** Een kubieke meter.

◘ **Figuur 4.3** Kubieke meters.

4.3 · Inhoudsmaten

◘ **Figuur 4.4**   Eén liter water.

■ Opgaven

2. Reken de volgende opgaven uit:
   a. $1 \text{ dm}^3 = \ldots \text{ cm}^3$
   b. $5{,}72 \text{ dm}^3 = \ldots \text{ cm}^3$
   c. $53 \text{ dm}^3 = \ldots \text{ cm}^3$
   d. $5{,}453 \text{ dm}^3 = \ldots \text{ cm}^3$
   e. $1 \text{ cm}^3 = \ldots \text{ dm}^3$
   f. $450 \text{ cm}^3 = \ldots \text{ dm}^3$
   g. $75 \text{ cm}^3 = \ldots \text{ dm}^3$
   h. $375{,}2 \text{ cm}^3 = \ldots \text{ dm}^3$

◘ **Figuur 4.5** 1 dm³ water.

3. Reken de volgende opgaven uit:
   a. 1 l = … ml
   b. 23,45 l = … ml
   c. 2,34 l = … ml
   d. 0,25 l = … ml
   e. 1.908 ml = … l
   f. 90,8 ml = … l

4. Reken de volgende opgaven uit:
   a. $10 \text{ dm}^3 = \ldots \text{ l}$
   b. $23 \text{ cm}^3 = \ldots \text{ l}$
   c. $46,5 \text{ dm}^3 = \ldots \text{ ml}$
   d. $45,2 \text{ cm}^3 = \ldots \text{ dl}$
   e. $345 \text{ cl} = \ldots \text{ cm}^3$
   f. $12,5 \text{ ml} = \ldots \text{ dm}^3$
5. In het weerbericht wordt weleens gemeld dat er 43 mm regen is gevallen. Hoeveel liter is er dan gevallen op 1 m²? Deze vraag lijkt moeilijker dan hij is: teken eerst een oppervlakte van 1 m × 1 m en teken daar een laagje op van 43 mm. Reken vervolgens alle afmetingen om in dm en vermenigvuldig die. Je krijgt je antwoord in dm³, maar daar kun je heel gemakkelijk liters van maken.

4.4 Massa (gewicht)

Ook bij de eenheid voor massa, gram, worden de voorvoegsels uit het SI gebruikt.
- $1 \text{ Mg} = 1.000.000 \text{ g} = 10^6 \text{ g} \ (= 1 \text{ ton})$
- $1 \text{ kg} = 1.000 \text{ g} = 10^3 \text{ g}$
- $1 \text{ mg} = 0,001 \text{ g} = 10^{-3} \text{ g}$
- $1 \text{ μg} = 0,000.001 \text{ g} = 10^{-6} \text{ g}$

■ Opgaven
6. Reken de volgende opgaven uit:
   a. $2 \text{ g} = \ldots \text{ dg}$
   b. $4 \text{ g} = \ldots \text{ cg}$
   c. $4 \text{ mg} = \ldots \text{ μg}$
   d. $300 \text{ μg} = \ldots \text{ mg}$
   e. $500 \text{ mg} = \ldots \text{ g}$
   f. $375 \text{ μg} = \ldots \text{ g}$
   g. $1.000 \text{ μg} = \ldots \text{ g}$
   h. $786 \text{ g} = \ldots \text{ μg}$
7. Reken de volgende opgaven uit:
   a. $1 \text{ l} = \ldots \text{ dm}^3$
   b. $1,5 \text{ kg} = \ldots \text{ g}$
   c. $6,5 \text{ g} = \ldots \text{ mg}$
   d. $50 \text{ mg} = \ldots \text{ g}$
   e. $8,25 \text{ cm}^3 = \ldots \text{ mm}^3$
   f. $1,6 \text{ dm}^3 = \ldots \text{ cm}^3$
   g. $250 \text{ mg} = \ldots \text{ g}$
   h. $750 \text{ g} = \ldots \text{ kg}$

Tabel 4.3 Voorvoegsels grammen en milligrammen.

1 MG =	1.000.000	1 g = 0,000.000.0001 MG
1 kg =	1.000	1 g = 0,001 kg
1 mg =	0,001	1 g = 1.000 mg
1 µg =	0,000001	1 g = 1.000.0000 µg

8. Reken de volgende opgaven uit ◘ tab. 4.3:
   a. 2,05 g = ... mg
   b. 120 mg = ... g
   c. 16 mg = ... µg
   d. 25.500 µg = ... mg
   e. 8.400 µg = ... mg
   f. 0,45 mg = ... µg
   g. 251 mg = ... g
   h. 6,98 g = ... mg
   i. 0,316 kg = ... g
   j. 9.000 mg = ... g
9. Een kubus meet 10 bij 10 bij 10 cm. Teken deze kubus op schaal. Dit hoeft niet heel erg nauwkeurig.
   a. Bereken het totale oppervlak van deze kubus. (Denk hier goed over na!)
   b. De kubus wordt in de lengte, de breedte en de hoogte doormidden gesneden. Hoeveel kubusjes krijg je nu?
   c. Hoe groot is de ribbe van elk kubusje?
   d. Wat is het totale oppervlak van alle kubusjes samen?
   e. Wat betekent dat voor het oppervlak van stoffen die in erg kleine deeltjes vermalen zijn?
   f. Wat lost sneller op in water: kandijsuiker of poedersuiker? Hoe zou dat komen?

4.5 Rekenen met schaalveranderingen

In de apotheek moet je vaak dingen omrekenen: van grammen naar milligrammen en van grammen naar milliliters. Daarnaast moet je uit procenten de hoeveelheden milligrammen en milliliters in een recept kunnen berekenen. De opgaven in deze paragraaf zijn samengevoegd rond één soort berekening, zodat je goed kunt oefenen. Aan het einde van dit hoofdstuk leer je hoe je het druppelgewicht uit moet rekenen.

4.5.1 Rekenen met milligrammen

Voorbeeld 4

Vraag:
Een patiënt krijgt per dag 3 gram paracetamol voorgeschreven. Dat is … mg, Zij krijgt … tabletten van 500 mg per dag.

Aanpak:
Een patiënt moet per dag 3 gram paracetamol gebruiken. Dat is 3.000 mg. Dat zijn 6 tabletten van 500 mg per dag.

Vraag:
Meneer Adema krijgt 15 mg diazepam per dag. Hij heeft nog 15 tabletten die 5 mg diazepam per tablet bevatten. Hoeveel tabletten moet de heer Adema per dag innemen en voor hoeveel hele dagen heeft hij nog?

Meneer Adema gaat voor 30 dagen naar zijn dochter in Geertruidenberg. In een onaangebroken verpakking diazepam 5 mg-tabletten zitten 30 tabletten. Hoeveel hele verpakkingen moet hij meenemen?

Aanpak:
Meneer Adema slikt 3 tabletten (15 : 5) per dag; met 15 tabletten kan hij nog 5 (15 : 3) hele dagen vooruit. Voor 30 dagen heeft hij 30 × 3 = 90 tabletten nodig; meneer Adema moet dus 3 verpakkingen (90 : 30) meenemen.

Vraag:
Paracetamoldrank bevat 24 mg/ml. Mohamed gebruikt 3 x daags 4 ml. Hoeveel paracetamol neemt Mohamed per keer en hoeveel paracetamol per dag?

Aanpak:
Mohamed krijgt per keer 4 ml x 24 mg/ml = 96 mg paracetamol binnen en per dag 12 ml x 24 mg/ml = 288 mg.

Vraag:
Sophie is drie dagen oud. Ze heeft last van een reflux. Hiervoor krijgt ze omeprazol. Sophie krijgt één derde van een omeprazol 10 milligramtablet toegediend. Suspendeer één tablet van 10 mg in 10 ml glucose 5% in een spuit. Hoeveel van deze suspensie moet Sophie krijgen?

Aanpak:
Een derde van de dosering is in dit geval ook een derde van de oplossing: 3 mg omeprazol is gelijk aan $10 \times \dfrac{3,3}{10} = 3,3$ ml.

- **Opgaven**

10. Een patiënt slikt 1.800 mg naproxen per dag. Vul aan: Dat is ... g. Hij krijgt ... zakjes naproxen van 600 mg per stuk.
11. Een patiënt slikt 2,10 g antibioticum per dag. Vul aan: Dat is ... mg. Hij slikt 6 maal per dag. Wat is de sterkte van 1 capsule?
12. Een patiënt slikt 0,45 g pijnstiller per dag. Vul aan: Dat is ... mg. Hij slikt dit 3 maal per dag. Wat is de sterkte van 1 tablet?
13. Mevrouw De Waal krijgt 200 µg nitroglycerine per minuut toegediend. Welke uitspraken zijn juist?
    a. 200 µg per minuut is gelijk aan 0,12 g/uur.
    b. 200 µg is gelijk aan 0,2 mg.
14. Een patiënt slikt 1 × daags 1 tablet digoxine 62,5 µg. Welke uitspraak is juist?
    a. 62,5 µg is gelijk aan 0,00000625 kg.
    b. Per week slikt de patiënt 0,4375 mg.
15. De heer Videler heeft de ziekte van Parkinson. Hij slikt levodopa/carbidopa met een sterkte van 100 mg/10 mg 3 × daags 1 tablet. Hoeveel mg krijgt de heer Videler per week binnen?
16. Tretinoïneoplossing voor cutaan gebruik bevat 0,2 mg/ml. Een patiënt wordt één keer per dag met ongeveer 7 ml ingesmeerd. Hoeveel gram tretinoïne krijgt deze patiënt per 3 dagen op zijn huid gesmeerd?
17. Paracetamoldrank bevat 24 mg paracetamol per ml. Arno neemt 3 maal daags 3 ml paracetamoldrank. Hoeveel mg paracetamol krijgt Arno per dag binnen?
18. Paracetamoldrank bevat 24 mg paracetamol per ml. Julian neemt 3 × daags 5 ml. Hoeveel mg paracetamol krijgt Julian per keer en hoeveel mg paracetamol krijgt Julian per 5 dagen binnen?
19. Metoclopramidedrank bevat 1 mg/ml. Kindje Addou krijgt 3 × daags 3 ml.
    a. Hoeveel *micro*gram krijgt kindje Addou per keer en per dag binnen?
    b. Eén flacon drank bevat 200 ml. Hoeveel hele dagen kan kindje Addou met 1 flacon doen?
20. Marco is vier weken oud. Hij heeft last van een reflux. Hiervoor krijgt hij omeprazol. Marco moet de helft van 1 tablet omeprazol 10-mg toegediend krijgen. Suspendeer één tablet van 10 mg in 15 ml glucose 5% in een spuit. Hoeveel krijgt Marco van deze suspensie?
21. Boet is vier dagen oud. Hij heeft last van een reflux. Hiervoor krijgt hij omeprazol. Boet moet een vierde van een omeprazol 10 milligramtablet toegediend krijgen. Suspendeer 1 tablet van 10 mg in 10 ml glucose 5% in een spuit. Hoeveel geef je van deze suspensie?
22. Marciano is zes dagen oud. Hij heeft last van een reflux. Hiervoor krijgt hij omeprazol. Marciano moet $\frac{3}{8}$ van een omeprazol 10 milligramtablet toegediend krijgen. Suspendeer 1 tablet van 10 mg in 6 ml glucose 5% in een spuit. Hoeveel krijgt Marciano van deze suspensie?

4.5.2 Rekenen met milliliters

Voor volume wordt de eenheid liter gebruikt. Zowel bij het rekenen met massa's als met volumes wordt door een voorvoegsel aangegeven wat er wordt bedoeld. Bij massa is dit

4.5 · Rekenen met schaalveranderingen

gram + voorvoegsel (bijv. milligram, kilogram). Bij volume is dit liter + voorvoegsel (bijv. milliliter of deciliter).

Voorbeeld 5
Vraag:
Een flacon met 0,5 l drank bevat … ml.

Aanpak:
Een flacon met 0,5 l drank bevat 500 ml.

Vraag:
Hoeveel ml moet je aan 1,6 l toevoegen om 2 l te krijgen?

Aanpak:
400 ml (2.000 ml − 1.600 ml).

Vraag:
Een baby krijgt 6 × 0,5 ml antibiotica. Een flesje bevat 20 ml. De baby moet dit 10 dagen gebruiken. Heb je aan 1 flesje voldoende?

Aanpak:
Per dag gebruikt de baby 6 × 0,5 ml = 3 ml gedurende 10 dagen = 3 × 10 = 30 ml. Nee, je hebt 2 flesjes nodig.

Vraag:
Er zit nog 50 ml drank in een fles. De patiënt gebruikt 3 × daags 3 ml. De patiënt vertrekt voor 2 dagen naar Parijs. Heeft de patiënt nog voldoende om naar Parijs te gaan?

Aanpak:
Per dag 3 × 3 ml = 9 ml per dag. In de flacon zit nog 50 ml dat is dus voor 50 : 9 = 5 hele dagen. De patiënt heeft dus nog voldoende drank om mee naar Parijs te nemen.

Opgaven
23. Bereken
    a. Een flacon met 0,75 l ontsmettingsmiddel bevat … ml.
    b. Een emmer met 1,25 l sop bevat … ml.
    c. Een fles met 250 ml oplosmiddel bevat … liter.
24. Bereken
    a. Hoeveel ml moet je toevoegen aan 1,3 l om 1,5 l te krijgen? …
    b. Hoeveel liter moet je toevoegen aan 450 ml om 600 ml te krijgen? …
25. Paul gebruikt 4 × 15 ml hoestdrank. Hoeveel hele dagen kan Paul met een flacon van 0,3 l toe?
26. Brenda gebruikt een drank tegen brandend maagzuur. 's Morgens en 's middags drinkt ze 10 ml en voor het naar bed gaan nog een keertje 15 ml. Hoeveel hele dagen kan Brenda met een flacon van 500 ml doen?

27. Noual krijgt 3 × daags 1,3 ml antibioticadruppels. Een flesje bevat 20 ml. Noual moet dit 5 dagen gebruiken. Heeft zij voldoende aan 1 flesje?
28. Er zit nog 75 ml drank in een fles. Lesley gebruikt 3 × daags 2 ml. De feestdagen staan voor de deur en je moet zeker voor 5 dagen in huis hebben. Heeft Lesley voldoende drank in huis?
29. Er zit nog 25 ml drank in een fles. Baby Ljuca gebruikt 3 × daags 1,7 ml. Je moet zeker voor 7 dagen in huis hebben. Heb je voldoende aan die 25 ml?
30. Er zit nog 50 ml drank in de flacon. Claudia moet nog 3 dagen 2 × daags 10 ml. Heb je voldoende aan deze flacon?
31. Er zit nog 100 ml in de flacon. De heer Adakom gebruikt 2 dagen 15 ml per dag, daarna 2 dagen 10 ml, daarna 2 dagen 5 ml en daarna stop hij met het medicijn. Heeft hij voldoende aan de flacon van 100 ml?
32. Er zit nog 120 ml in een flacon. Mevrouw Tadema neemt 2 dagen 15 ml, daarna 2 dagen 10 ml en vervolgens 5 ml per dag. Hoeveel dagen kan zij vooruit met deze flacon?

4.5.3 Rekenen met concentraties

Veel geneesmiddelen kunnen *opgelost worden* voor toediening in een drank of toediening via injectie. Zo kan op het etiket staan dat in 1 ml vloeistof 10 mg geneesmiddel is opgelost. De werkzame stoffen van het geneesmiddel zijn dan gelijkmatig verdeeld doordat ze in de vloeistof zijn opgelost. Oplossingen zijn een verhouding tussen een volume-eenheid en massa-eenheid. De hoeveelheid massa die is opgelost in het volume noemt men de *concentratie*.

Voorbeeld 6
Voorbeeld:
Hoeveel morfine zit er in 2 ml met als uitgangsoplossing morfine 10 mg/ml?

Aanpak:
20 mg (2 × 10)

Voorbeeld:
Hoeveel ml heb je nodig voor 17 mg morfine met als uitgangsoplossing morfine 10 mg/ml?

Aanpak:
1,7 ml (17 : 10 × 1 ml)

Voorbeeld:
Je moet 500 mg amoxicilline oplossen tot een concentratie van 40 mg/ml. Hoeveel milliliter oplosmiddel heb je nodig?

Aanpak:
500 mg gedeeld door 40 mg/ml betekent dat je 12,5 ml oplossing nodig hebt om 500 mg op te lossen tot 40 mg/ml.

4.5 · Rekenen met schaalveranderingen

- Opgaven

33. Vul de volgende opgaven aan, met als uitgangsoplossing 15 mg/ml:
   a. 3 ml = ... mg
   b. 10 ml = ... mg
   c. 0,1 ml = ... mg
   d. ... ml = 18 mg
   e. 4 ml = ... mg
   f. 8 ml = ... mg
   g. 0,4 ml = ... mg
   h. ... ml = 36 mg

34. In voorraad: morfineampullen 100 mg/5 ml (let op de sterkte!) en vul de volgende opgaven aan:
   a. 3 ml = ... mg
   b. 10 ml = ... mg
   c. 0,1 ml = ... mg
   d. ... ml = 22 mg
   e. 4 ml = ... mg
   f. 8 ml = ... mg
   g. 0,4 ml = ... mg
   h. ... ml = 30 mg

35. In 1 ml oplosvloeistof is 15 mg geneesmiddel opgelost. Beantwoord met dit gegeven de volgende vragen met juist/onjuist:
   a. In 2 ml zit meer dan 15 mg opgelost.
   b. Het aantal ml dat wordt gegeven is bepalend voor de hoeveelheid geneesmiddel die wordt gegeven.
   c. In 0,5 ml zit meer dan 15 mg opgelost.
   d. Je moet 1,5 ml geven om 22,5 mg geneesmiddel toe te dienen.

36. Paracetamoldrank bevat 24 mg/ml. Merve gebruikt 3 × daags 180 mg paracetamol. Een fles paracetamoldrank bevat 0,5 l. Hoeveel ml drank neemt Merve per dag in en hoeveel hele dagen kan zij met 1 fles doen?

37. Melissa heeft ernstige pijn en krijgt 6 × daags 30 mg morfine. De morfine wordt door de sonde toegediend. De apotheek levert morfinedrank in een flacon van 100 ml met een concentratie van 20 mg/ml. Hoeveel ml krijgt Melissa per dag en hoeveel hele dagen kan zij met 1 flacon doen?

38. In de apotheek liggen atropineampullen op voorraad (in volgende opgaven afgekort tot: 'in voorraad') met een sterkte van 1 ml = 2 mg. Een patiënt moet 3 mg atropine krijgen. Hoeveel milliliter wordt er toegediend?

39. In voorraad ampullen met een sterkte van 5 mg/ml. De patiënte moet 1,25 mg krijgen. Hoeveel milliliter wordt er toegediend?

40. In voorraad ampullen met een sterkte van 1 g/4 ml. De patiënt met 375 mg krijgen. Hoeveel milliliter wordt er toegediend?

41. Je moet 250 mg amoxicilline oplossen tot een concentratie van 20 mg/ml. Hoeveel milliliter oplosmiddel heb je nodig?

42. Je moet 500 mg amoxicilline oplossen tot een concentratie van 40 mg/ml. Hoeveel milliliter oplosmiddel heb je nodig?
43. Je moet 1 g amoxicilline oplossen tot een concentratie van 50 mg/ml. Hoeveel milliliter oplosmiddel heb je nodig?
44. Je moet 1 g amoxicilline oplossen tot een concentratie van 125 mg/ml. Hoeveel milliliter oplosmiddel heb je nodig?

4.6 Druppelgewicht

We hebben nu de dosering berekend van dranken. Er zijn ook toedieningsvormen die niet in milliliters maar in druppels voorgeschreven worden.

Hoe kun je een druppel definiëren? Je hebt immers grote en kleine druppels. De definitie van een druppel staat in de *Nederlandse Farmacopee*:

» Een druppel water heeft een volume van 0,05 ml en een gewicht van 50 mg.

Voor andere vloeistoffen is het druppelgewicht en het volume van 1 druppel anders. In de oude *Nederlandse Farmacopee* (4 editie, pp. 36, 37) staat een tabel waarin je het druppelgewicht en de druppelgrootte voor een groot aantal vloeistoffen kunt opzoeken.

Maar vaak gebruik je een andere druppelaar dan die van de *Farmacopee*. Dan is het druppelgewicht anders, omdat je een ander volume en een ander gewicht van de druppel hebt. Het druppelgewicht van een vloeistof wordt in dat geval bepaald door het aantal vloeistofdruppels te tellen dat je nodig hebt om 2 g gewicht te bereiken. Wanneer voor 2 gram bijvoorbeeld 80 druppels nodig zijn, dan is het druppelgewicht:

» (gewicht van de druppels) : (aantal druppels) = 2.000 mg → 80 = 25 mg.

Voorbeeld 7
Voorbeeld:
1 g water bevat 20 druppels. Wat is het druppelgewicht?

Aanpak:
20 druppels wegen 1 g → 20 druppels wegen 1.000 mg

1 druppel weegt dan:

(gewicht van de druppels) : (aantal druppels) = 1.000 mg : 20 = 50 mg.

Het druppelgewicht is 50 mg.

Voorbeeld:
1 druppel olie weegt 20 mg. Hoeveel druppels komt overeen met 1 g?

Aanpak:
1 druppel weegt 20 mg. In 1 g, ofwel in 1.000 mg, zitten dan 1.000 : 20 = 50 druppels.

4.6 · Druppelgewicht

Voorbeeld:
Het druppelgewicht van glycerine is 27 mg. Beantwoord:
a. Wat is het gewicht van 24 druppels (in gram)?
b. Hoeveel druppels komen overeen met 1,35 g glycerine?

Aanpak:
a. 1 druppel weegt 27 mg; 24 druppels wegen 24 × 27 = 648 mg = 0,648 g
b. 1,35 g = 1.350 mg glycerine; 1 druppel weegt 27 mg; 1.350 mg : 27 = 50 druppels

Opgaven

45. Bereken
    a. 1 gram suikerstroop komt overeen met 20 druppels. Wat is het druppelgewicht?
    b. 1 druppel solutio sorbitol 70 % weegt 26 mg. Hoeveel hele druppels bevat 1 g solutio sorbitol 70 %?
46. Een oplossing heeft een druppelgewicht van 23 mg.
    a. Hoeveel mg wegen 8 druppels?
    b. Hoeveel druppels moet je aftellen om 1,495 g af te meten?
47. Bereken
    a. 1 druppel glycerol 85 % weegt 18 mg. Hoeveel hele druppels bevat 0,9 g glycerol 85 %?
    b. 0,504 g lijnolie komt overeen met 24 druppels. Wat is het druppelgewicht van lijnolie?
    c. Het druppelgewicht van glycerine is 27 mg. Hoeveel druppels heb je nodig om 0,837 g glycerine af te meten?
48. 1 g azijnzuur komt overeen met 33 druppels. Wat is het druppelgewicht van azijnzuur?
49. Het druppelgewicht van alcohol 70 % is 15 mg. Hoeveel druppels moet je aftellen wanneer je 270 mg alcohol 70 % nodig hebt?
50. Gegeven is het volgende voorschrift voor fytomenadiondrank FNA:

    $$\begin{array}{ll} \text{fytomenadionum} & 1\,g \\ \text{Arachidis oleum raffinatum} & \dfrac{89,9\,g}{90,9\,g\ (100\ ml)} \end{array}$$

    Bereken hoeveel hele microgram(men) fytomenadion er in 1 druppel zit van een druppelpipet met een druppelgewicht van:
    a. 25 mg
    b. 80 mg
    c. 65 mg
    d. 50 mg

51. Van een druppelpipet wordt met behulp van beschreven fytomenadiondrank het druppelgewicht bepaald. Een bepaald aantal druppels (zie hieronder a t/m d) heeft een gewicht van 2.000 mg. De normdosering voor fytomenadion is 1 mg per keer. Hoeveel hele druppels moet de patiënt per keer innemen? (Tip: bereken eerst het druppelgewicht.)
    a. 70 druppels
    b. 130 druppels
    c. 150 druppels
    d. 50 druppels
52. Bereken hoeveel ml (met 1 decimaal) er moet worden ingenomen indien een patiënt de volgende hoeveelheden van de Fytomenadiondrank FNA nodig heeft:
    a. 10 mg per keer
    b. 20 mg per dag in 2 doses
    c. 2 mg per keer
    d. 30 mg per dag in 5 doses

Procenten en promillages

Samenvatting
Iedere dag kom je de term 'procenten' tegen. Deze procenten, ook wel percentages genoemd, hebben in iedere situatie een andere betekenis. In de apotheek staan soms huidverzorgingsartikelen met 35 % korting in de aanbieding om cliënten kennis te laten maken met deze producten. Dit betekent dat je minder voor een dergelijke crème of zalf betaalt. Een ander voorbeeld: op voedingsmiddelen vind je altijd een label waarop de samenstelling staat vermeld. Indien er op een label staat dat een drank 20 % suiker bevat, kun je berekenen hoeveel gram suiker er in de fles zit.

5.1   Procenten – 60
5.1.1   Drie toepassingen – 61

5.2   Promillages – 65

© Bohn Stafleu van Loghum, onderdeel van Springer Media B.V. 2018
D. van Hulst, *Farmaceutisch rekenen*, Basiswerk AG,
https://doi.org/10.1007/978-90-368-2019-6_5

Iedere dag kom je de term 'procenten' tegen. Deze procenten, ook wel percentages genoemd, hebben in iedere situatie een andere betekenis:

- In de apotheek staan soms huidverzorgingsartikelen met 35 % korting in de aanbieding om cliënten kennis te laten maken met deze producten. Dit betekent dat je minder voor een dergelijke crème of zalf betaalt.
- Wanneer je een lening afsluit en de rente staat op 7,5 %, betaal je over het geleende bedrag 7,5 % rente.
- Op voedingsmiddelen vind je altijd een label waarop de samenstelling staat vermeld. Indien er op een label staat dat een drank 20 % suiker bevat, kun je berekenen hoeveel gram suiker er in de fles zit.

5.1 Procenten

Procenten zijn delen van 100; *pro* duidt *per* aan en *cent* is afkomstig van *honderd*. Procent betekent dus letterlijk 'per honderd'.

Een procent is een deel van 100. Honderd is altijd het geheel. Dit geheel kan gaan over de samenstelling van een geneesmiddel, de omzet in de apotheek, de prijs van een trui, de bevolking in Nederland enzovoort. Het percentage (= het aantal procenten) is een deel van het geheel (dus van 100).

Kortom:
- $1\%(1\%) = \dfrac{1}{100} \times \ldots$
- 1 per 100 betekent: ... : 100
- 1 van de honderd = $0{,}01 \times \ldots$

Voorbeeld 1

50 % van het geheel = 50 % van ... $\dfrac{50}{100} \times \ldots = 0{,}50 \times \ldots = \dfrac{1}{2} \times \ldots$

Of omgekeerd: de helft van het geheel
$= \dfrac{1}{2} \times 100\% = 0{,}50 \times 100\% = \dfrac{50}{100} \times 100\% = 50\%$.

In principe kun je op deze manier steeds van een breuk naar een percentage gaan.

Voorbeeld 2

Stel, een afdeling van een school heeft 200 leerlingen. Daarvan komen er 80 met de bromfiets naar school. Hoeveel % is dat?

Aanpak:

80 van de 200 leerlingen kun je beschrijven als een breuk: $\dfrac{80}{200}$.

Het percentage van het aantal leerlingen dat met de bromfiets naar school komt, kun je dan zo berekenen: $\dfrac{80}{200} \times 100\% = 40\%$.

Deze berekening werkt met ieder percentage.

5.1 · Procenten

5.1.1 Drie toepassingen

Lees deze toepassingen heel aandachtig door en ga bij jezelf na of je het echt begrijpt.

- **Toepassing 1**

Bereken: 10% van € 50,–

Aanpak 1:

10% is $\frac{10}{100}$ deel van het geheel.

10% van € 50,– = $\frac{10}{100}$ × € 50,– = € 5,–

Aanpak 2:

1% betekent delen door 100

1% van € 50,– = € 0,50

10% van € 50,– = 10 × € 0,50, = € 5,–

- **Toepassing 2**

Gegeven: 10% = 50,–

Hoeveel is het hele bedrag?

Aanpak 1:

10% is $\frac{10}{100}$ deel van het geheel. Het geheel is dus $10 \times \frac{10}{100}$

Dus 10 × € 50,– = € 500,–

Aanpak 2:

1% = € 50,– : 10 = € 5,–

Het geheel is 100%

Dus 100 × € 5,– = € 500,–

- **Toepassing 3**

Vraag: € 10,– is ...% van € 50,–?

Aanpak 1:

€ 10,– is een deel van € 50,–

Dat deel is $\frac{10}{50}$ deel van 100%

Dus $\frac{10}{50}$ × 100% = 20%

Aanpak 2:

100% = € 50,–

1% = € 0,50

Hoeveel % is dan € 10,–?

dus: ... × € 0,50 = € 10,–

Of: $\frac{1.000}{50}$ × 1% = 20%

Opgaven

1. Een verpleeghuis heeft 750 bedden. De gemiddelde bezetting is 85 %. Hoeveel patiënten liggen er gemiddeld in het verpleeghuis?
2. Op een school rookt 5 % van de studenten. De andere 570 leerlingen roken niet. Hoeveel studenten telt de school?
3. Reken uit:
   a. Als 20 % van je geld € 500,– is, hoeveel heb je dan in totaal?
   b. Als 7,5 % van je geld € 250,– is, hoeveel heb je dan in totaal?
   c. Als 12,5 % van je geld € 375,– is, hoeveel heb je dan in totaal?
4. Van een school met 753 studenten komen 256 studenten met het openbaar vervoer. Hoeveel procent is dat?
5. Op een driejarige opleiding zitten 250 studenten. Het aantal eerstejaars is 42 %. Het aantal tweedejaars is 34 %.
   a. Hoeveel procent is het aantal derdejaars?
   b. Hoeveel studenten telt elk leerjaar?
6. Een pakje margarine van 250 g bevat 80 % vet. Hoeveel g vet bevat één pakje?
7. Op een bakje dieetmargarine van 500 g staat: 'Bevat 80 % vet, waarvan 45 % meervoudig onverzadigde vetzuren.'
   a. Hoeveel g vet zit er in het bakje?
   b. Hoeveel g onverzadigde vetzuren zitten er in het bakje? (Lees de vraag goed!)
8. Bereken het percentage puur vruchtensap van de volgende merken limonade tot 1 decimaal nauwkeurig.

merk 1	inhoud 600 ml	252 ml sap	dit is … %
merk 2	inhoud 850 ml	325 ml sap	dit is … %
merk 3	inhoud 1 l	480 ml sap	dit is … %
merk 4	inhoud 1,5 l	450 ml sap	dit is … %

9. Bereken van de volgende merken koffiemelk de hoeveelheid melkvet in grammen op één decimaal nauwkeurig.

merk 1	275 g	4 % melkvet	dit is … g
merk 2	540 g	3,5 % melkvet	dit is … g
merk 3	750 g	5,5 % melkvet	dit is … g

10. Bereken op basis van de hoeveelheid melkvet de totale hoeveelheid koffiemelk.

merk 1	4 % melkvet	gewicht 16 g	totaalgewicht: … g
merk 2	3 % melkvet	gewicht 16,5 g	totaalgewicht: … g
merk 3	3,5 % melkvet	gewicht 14 g	totaalgewicht: … g

5.1 · Procenten

11. In een werkstuk over de gevaren van alcohol staat: 'In een standaardglas wijn (110 ml, 12%) zit evenveel alcohol als in een glas bier (250 ml, 5%) als in een borrelglas (35 ml, 35%) met sterke drank.'
    a. Bereken het aantal ml pure alcohol in elk van de glazen.
    b. Klopt de bewering?
12. Bij sommige winkels krijg je, als je twaalf flessen wijn koopt, die twaalfde fles gratis. Hoeveel procent korting krijg je dan?
13. Bij een aanbieding zie je weleens staan: 'Drie halen, twee betalen'. Hoeveel procent korting krijg je dan?
14. Lucht bestaat voor 20% uit zuurstof. Hoeveel liter zuurstof zit er in een kubieke meter?

Voorbeeld 3
In voorraad is een morfine-injectie met een sterkte van 2%. Een patiënt krijgt 50 mg. Vraag: hoeveel ml moet er worden toegediend?

Aanpak:
In eerste instantie ben je misschien geneigd om te denken dat je een tekort aan gegevens hebt om dit vraagstuk op te lossen. Echter vanuit het %-getal kan worden afgeleid hoeveel mg morfine in 1 ml zit. Dit is de sleutel tot de oplossing.

2% morfineoplossing wil zeggen 2 gram in 100 ml oplossing, ofwel 2.000 mg in 100 ml-oplossing.

De patiënt heeft 50 mg morfine nodig. Dit komt overeen met 2,5 ml (50 mg : 2.000 mg × 100 ml).

Voorbeeld 4
Je hebt 7,5 g Halamid® ter beschikking. Hoeveel liter water moet je toevoegen om een 0,5% Halamidoplossing te krijgen?

Aanpak:
0,5% betekent 0,5 gram Halamid per 100 ml.

7,5 gram Halamid heeft dan 7,5 : 0,5 = 15 liter nodig.

■ Opgaven

15. In voorraad: een morfineoplossing van 5%. De patiënt moet 15 mg krijgen toegediend. Hoeveel ml moet er worden toegediend?
16. In voorraad: ampullen atropine HCl van 3%. De patiënt krijgt 9 mg atropine per injectie. Hoeveel ml moet er worden toegediend?
17. Je moet 200 mg Cisordinol klaarmaken. Een ampul van 2 ml bevat 5% cisordinol. Hoeveel ml en hoeveel ampullen moeten er worden gemaakt?
18. Een patiënt heeft ernstige pijn. De internist schrijft 0,3 mg Fentanylinjectie voor. Je hebt ampullen van 0,005% en een ampul bevat 10 ml. Hoeveel milliliter van de ampullenvloeistof heb je nodig?

19. In voorraad: Nicomorfineoplossing van 2,5 %. De patiënt krijgt 2,5 ml toegediend. Hoeveel mg krijgt de patiënt toegediend?
20. Mevrouw Birsak heeft veel pijn. Ze krijgt morfine in de dosering van 16 mg morfine 2 % voorgeschreven. Hoeveel milliliter morfine 2 % krijgt mevrouw Birsak?
21. In voorraad: 30 ml waterstofperoxide 10 %. Nodig: een 2 % waterstofperoxideoplossing.
    a. Hoeveel waterstofperoxideoplossing van 2 % kan gemaakt worden van de voorraad?
    b. Hoeveel water wordt toegevoegd?
22. Bereken
    a. In voorraad: waterstofperoxide 5 %. Nodig: 100 ml waterstofperoxide 1 %. Hoeveel waterstofperoxide van 5 % is nodig?
    b. Nodig: 500 ml Lysoloplossing van 2 %. In voorraad: 300 ml van 5 %. Hoe maak je de gevraagde oplossing?
23. In voorraad: Halamidoplossing van 0,5 %. Nodig: 2 l van 0,3 % Halamidoplossing.
    a. Hoeveel ml van de 0,5 % Halamidoplossing is nodig?
    b. Hoeveel water wordt toegevoegd?
24. Op recept staat voorgeschreven: Xylometazolineneusdruppels 0,25 %. Hoeveel mg/ml is dit?
25. Op een recept staat Pilocarpineoogdruppels 20 mg/ml.
    a. Hoeveel % is dit?
    b. Hoeveel flacons oogdruppels met een inhoud van 0,01 l moet je afleveren voor 30 dagen bij een gebruik van 5 × daags 1 druppel in beide ogen? (Gegeven: 20 druppels = 1 ml.)
26. Op een recept staat atropineoogdruppels 0,5 %.
    a. Hoeveel mg/ml is dit?
    b. Hoeveel flacons oogdruppels met een inhoud van 5 ml moet je afleveren voor een maand (30 dagen) bij een gebruik van 4 × daags 1 druppel in het rechteroog? (Gegeven 20 druppels = 0,001 l.)
27. Op een recept staat zinksulfaatoogdruppels 0,25 %.
    a. Hoeveel mg/ml is dit?
    b. Hoeveel flacons oogdruppels met een inhoud van 5 ml moet je afleveren voor een maand (30 dagen) bij een gebruik van 4 × daags 1 druppels in beide ogen? (Gegeven 20 druppels = 0,001 l.)
28. Op een recept staat tetracyclineoogzalf 1 %.
    a. Hoeveel mg/g is dit?
    b. Hoeveel tubes oogzalf met een inhoud van 0,005 kg moet je afleveren voor anderhalve maand (45 dagen) bij een gebruik van 2 × daags 1 cm (1 cm = 1.000 mg) oogzalf op het rechteroog?
29. Op een recept staat natriumchlorideoogzalf 50 mg/g.
    a. Hoeveel % is dit?
    b. Hoeveel tubes oogzalf met een inhoud van 5.000 mg moet je afleveren voor twee maanden (60 dagen) bij een gebruik van 1 × daags aanbrengen in beide ogen voor het slapen gaan? (Opmerking: per keer wordt er ongeveer 0,5 cm = 0,5 g per oog gebruikt.)

30. Hoeveel flacons oogdruppels met een inhoud van 0,005 l moet je afleveren voor een maand indien het dagverbruik 3 × daags 1 druppels in beide ogen is? (Opmerking: 20 druppels komt overeen met 1 ml.)
31. Hoeveel flacon(s) neusspray van 0,05 dl moet je afleveren voor zeven dagen indien het dagverbruik 0,65 ml is?

5.2 Promillages

Procent betekent: per honderd.
   Promille betekent: per duizend.
   4 % van € 100,− is 4 × € 1,− = € 4,−.
   8 ‰ van € 8.000,− is 8 × € 8,− = € 64,−.
   Promillages (‰) worden vaak gebruikt bij het berekenen van bijvoorbeeld verzekeringspremies. Ook bij het bereiden van geneesmiddelen komt ‰ geregeld voor. Een promille is het tiende deel van een procent. Het geheel bij de berekening van promillen is steeds 1.000.

Opgaven
32. Reken de volgende opgaven uit:
    a. 1 ‰ van € 40.000,− =
    b. 1,5 ‰ van € 80.000,− =
    c. 1,2 ‰ van € 60.000,− =
    d. 2 ‰ van € 50.000,− =
    e. 1,5 ‰ van € 30.000,− =
    f. 1,3 ‰ van € 40.000,− =
    Natuurlijk kun je met promillages ook terugrekenen naar het geheel:

Voorbeeld 5
Gegeven: € 4,− = 2 ‰ van een verzekerd bedrag.

Hoe bereken je het verzekerde bedrag?

Aanpak:

Reken eerst terug wat 1 ‰ is.

1 ‰ is € 2,−. Het geheel is 1.000 ‰ of 1.000 × € 2,− = € 2.000,−.

Opgaven
33. Reken het geheel van de volgende opgaven uit:
    a. 1 ‰ = € 4,−
    b. 2 ‰ = € 6,−
    c. 0,8 ‰ = € 72,−
    d. 0,9 ‰ = € 63,−
    e. 2,5 ‰ = 50 kg
    f. 3,5 ‰ = 70 kg

34. Stel, iemand drinkt twee glazen bier. De inhoud van 1 glas is 220 ml. Het alcoholpercentage van bier is 5%. Neem aan dat alle alcohol wordt opgenomen in het lichaamsvocht. Hoeveel ‰ alcohol bevat dat lichaamsvocht dan wanneer we ervan uitgaan dat een mens 45 l lichaamsvocht heeft? (45 l = 45.000 ml)
35. Een dragee van 500 mg bevat 250 ‰ werkzame stof. Hoeveel mg werkzame stof bevat één dragee?
36. Je hebt een huis gekocht en je sluit een brandverzekering af. Het huis kostte € 250.000,–. De verzekeringsmaatschappij vraagt een premie van 2 ‰. Hoeveel premie moet je betalen?
37. Vrienden van je hebben ook een huis gekocht. Hun premie bedraagt 2,5 ‰ en ze zijn per jaar € 600,- kwijt aan premie. Hoe duur is hun huis?

Concentreren, verdunnen en mengen

Samenvatting
Bij het bereiden van geneesmiddelen of het gebruiksklaar maken van ontsmettingsmiddelen krijg je te maken met het verwerken van allerlei vloeistoffen en oplossingen. Veel vloeistoffen zijn niet onschadelijk.

6.1 Concentraties en percentages – 68

6.2 Concentratie van een oplossing – 70

6.3 Concentratie en hoeveelheid werkzame stof – 71

6.4 Hoeveelheid mengsel – 72

6.5 Oplossingen aanpassen – 72

6.6 Verdunnen – 74

© Bohn Stafleu van Loghum, onderdeel van Springer Media B.V. 2018
D. van Hulst, *Farmaceutisch rekenen*, Basiswerk AG,
https://doi.org/10.1007/978-90-368-2019-6_6

Bij het bereiden van geneesmiddelen of het gebruiksklaar maken van ontsmettingsmiddelen krijg je te maken met het verwerken van allerlei vloeistoffen en oplossingen. Veel vloeistoffen zijn niet onschadelijk. Dat kun je zien aan het etiket, waar bijvoorbeeld de volgende afbeeldingen (zie ◘ fig. 6.1) op kunnen staan.

Let dus goed op de etiketten en bereken bij het verdunnen van oplossingen de juiste hoeveelheden. Zo kun je ongelukken en verspilling voorkomen.

- Oplossingen

Een oplossing is een mengsel van stoffen. De basis is een oplosmiddel en daaraan zijn één of meer stoffen (vast of vloeibaar) toegevoegd. In dit hoofdstuk houden we ons bezig met het bepalen van de hoeveelheid mengsel en de hoeveelheid opgeloste stof. Verder gaan we de concentratie (de sterkte) van de oplossing bepalen:

— in percentage van het volume;
— in percentage van de massa;
— in percentage van het volume waarbij het antwoord in ml wordt gegeven.

Bij massa en volume behoren verschillende maten: gram past bij massa en milliliter bij volume. In dit hoofdstuk maken we steeds duidelijk of het om massa of volume gaat. In de opgaven is er sprake van volumeprocenten, tenzij er iets anders staat vermeld.

6.1 Concentraties en percentages

Het begrip *concentratie* is vrij lastig, maar is goed te begrijpen als je kijkt naar de verdunning van een hoeveelheid ranja. Hoe meer water je eraan toevoegt, hoe dunner de oplossing wordt. Met andere woorden: de concentratie ranja wordt steeds lager als er meer water bij komt.

We hadden al eerder gezien dat: $1 \text{ l} = 1 \text{ dm}^3 = 1.000 \text{ ml} = 1.000 \text{ cm}^3$.

En: $1 \text{ ml} = 1 \text{ cm}^3 \; (= 1 \text{ cc})$.

Net als de 'gewone percentages' zijn concentraties vrij snel uit te rekenen:

Voorbeeld 1

Hoeveel ml zuivere alcohol zit er in een fles wijn van 0,7 l met een sterkte van 13 %?

Aanpak:

0,7 l wijn is 700 ml. En 1 % daarvan is 7 ml.

De sterkte van de oplossing is 13 %.

Dus: de wijn bevat 13 × 7 ml = 91 ml zuivere alcohol.

NB: Let erop dat het hier gaat om *volume*procenten!

6.1 · Concentraties en percentages

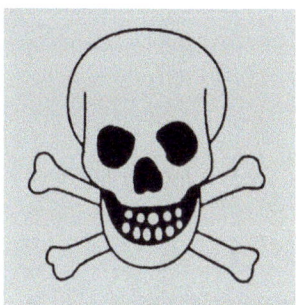

Figuur 6.1 overzicht gevarensymbolen.

Het is heel belangrijk dat je het verschil begrijpt tussen de volgende verhoudingen:
- m/m % of % m/m = massaprocenten of gram/gramprocenten = het aantal gram opgeloste stof in 100 gram oplosmiddel;
- v/v % of % v/v = volumeprocenten = het aantal milliliter opgeloste stof in 100 ml oplosmiddel;
- m/v % of % m/v = gramvolumeprocenten = het aantal gram opgeloste stof in 100 ml oplosmiddel.

Opgaven
1. Hoeveel ml azijnzuur (pure azijn) zit er in 5 l oplossing van 4 %?
2. Hoeveel ml ammonia zit er in 3,5 l oplossing met een sterkte van 2,5 % v/v?
3. Op het etiket van een fles rum staat: 'inhoud 0,75 l; alcoholpercentage 45 %'. Hoeveel ml alcohol bevat deze fles rum?
4. Je koopt een fles eau de cologne met een inhoud van 175 ml. Eau de cologne bevat 80 % alcohol. Hoeveel ml alcohol bevat deze fles?
5. Je wilt 2 l spiritusoplossing maken met een sterkte van 8 %. Hoeveel ml spiritus meet je af?
6. In een fles spiritus van 0,85 l zit 85 % alcohol. Hoeveel ml alcohol bevat de fles?
7. In een fles reinigingsmiddel met ammonia van 750 ml zit 8,5 % ammonia. Hoeveel ml ammonia bevat deze fles?
8. In een tablet van 500 mg is 25 % m/m de werkzame stof. Hoeveel mg is dat?

6.2 Concentratie van een oplossing

Voorbeeld 2
Een fles wijn van 0,7 l bevat 77 ml alcohol. Bereken de sterkte van de oplossing (in % v/v).

Aanpak:
1 % van 700 ml is 7 ml.
77 ml is dus $\frac{77}{7} = 11\%$.

Een andere aanpak:
Welk deel van het mengsel is de hoeveelheid opgeloste stof?
Dat is: $\frac{77}{700} \times 100\% = 11\%$.

Voorbeeld 3
Meng 5 ml absolute alcohol en water. Vul het mengel met water aan tot 80 ml.

Wat is de alcoholconcentratie?

Aanpak:
De oplossing bevat 5 ml absolute alcohol en het eindvolume is 80 ml.
De concentratie is (wat erin zit : totaal) × 100%. Dus 5 ml : 80 ml × 100% = 6,25 % v/v.

- Opgaven
9. In een lysoloplossing van 2,25 l zit 475 ml lysol. Bereken de sterkte van de oplossing in procenten.
10. Reken de volgende concentraties uit:
    a. In 150 g water los je 50 g suiker op. Wat is de suikerconcentratie in % (m/m)?
    b. In 36 g alcohol los je 4 g kamfer op. Wat is de kamferconcentratie in % (m/m)?
11. Je hebt 750 ml boorwater nodig. Je gebruikt daarvoor 10 ml boorzuur. Bereken de sterkte van het boorwater in % (v/v).
12. Je maakt een zoutoplossing van 6.000 ml. Je gebruikt hiervoor 500 gram zout. Bereken de sterkte van de zoutoplossing in % (m/v).
13. Je maakt een suikeroplossing van 750 ml. Je gebruikt daarvoor 325 g suiker. Bereken de sterkte van de suikeroplossing in % (m/v).
14. In 225 g water los je 75 g suiker op. Wat is de suikerconcentratie in % (m/m)?
15. Gedroogd natriumsulfaat mag maximaal 0,450 ‰ (g/g) Zn bevatten. Bij een test op Zn wordt in 1.000 g van de grondstof 320 mg Zn gevonden. Voldoet de grondstof aan de gestelde eis?
16. Meng 5 ml absolute alcohol (= 100 % alcohol) en water. Vul het mengsel met water aan tot 80 ml. Wat is de alcoholconcentratie in % (v/v)?

6.3 Concentratie en hoeveelheid werkzame stof

Wanneer de concentratie van een mengsel gegeven is, kun je de hoeveelheid werkzame stof in het mengsel uitrekenen. Dat kan nodig zijn om de juiste dosis te controleren. Bij het bereiden van recepten kun je op die manier bepalen hoeveel werkzame stof je moet afwegen.

> **Voorbeeld 4**
> Hoeveel calciumhydroxide bevat 260 ml solutio calcii hydroxidi 0,15 % (m/v)?
>
> *Aanpak 1:*
> 0,15 % (m/v) betekent: 0,15 g calciumhydroxide in 100 ml oplossing.
> Oftewel: … g calciumhydroxide in 260 ml-oplossing.
> 260 ml oplossing bevat $\frac{260 \text{ ml}}{100 \text{ ml}} \times 0{,}15 \text{ g} = 0{,}39 \text{ g}$ calciumhydroxide.
>
> *Aanpak 2:*
> 0,15 % is 0,15 honderdste delen. 260 ml bevat dan $\frac{0{,}15}{100} \times 260 = 0{,}39$ g calciumhydroxide.
>
> 0,15   100
> X   260
>
> *Aanpak 3:*
> Werk het uit via verhoudingen:
> Dus: $0{,}15 \times 260 = X \times 100$
> Of: $\frac{0{,}15}{100} \times 260 = 0{,}39$ g calciumhydroxide.
>
> Let op: de formule bij oplossing 2 en oplossing 3 is niet toevallig dezelfde.

- Opgaven

17. Je hebt 200 g boorzuuroplossing van 3 % (m/m). Hoeveel boorzuur en hoeveel water (in g) bevat deze oplossing?
18. Volgens het FNA mag in cremor cetomacrogolis maximaal 2 % salicylzuur zijn verwerkt. Hoeveel salicylzuur mag er maximaal zitten in vier tubes die elk 30 g wegen?
19. Paracetamoldranken bevatten 2,4 % (m/v) paracetamol. Hoeveel mg paracetamol neemt iemand per dag in bij een gebruik van drie eetlepels per dag? (1 eetlepel = 15 ml)
20. Je hebt Pilocarpine minims 2 % m/v. Hoeveel mg pilocarpine bevatten deze minims van 0,5 ml?
21. Hoeveel g natriumchloride (op 2 decimalen) bevat 1.200 ml fysiologische zoutoplossing (een 0,9 % g/v natriumchlorideoplossing)?

6.4 Hoeveelheid mengsel

Wanneer de sterkte van een oplossing en de hoeveelheid opgeloste stof bekend zijn, kun je de hoeveelheid mengsel berekenen.

Voorbeeld 5
Voor een soda oplossing met een sterkte van 10% wordt 200 cm³ soda gebruikt. Bepaal de hoeveelheid mengsel.

Opmerking: wanneer je meer soda gebruikt, gaat de sterkte van de oplossing omhoog. Gebruik je minder, dan gaat het percentage omlaag. De sterkte of het percentage hangt dus af van de hoeveelheid opgeloste stof.

Aanpak:
200 cm³ = 10% van de oplossing.

Dus: 20 cm³ = 1% van de oplossing.

Dus: 100% van de oplossing = 2.000 cm³ = 2 l.

Of: 1% = 20 ml, dus 100% = 2.000 ml = 2 l.

- Opgaven

22. Hoeveel ml lysoloplossing met een sterkte van 4% kun je maken van 160 ml lysol?
23. Een fles wijn bevat 77 ml alcohol; de sterkte van de wijn is 11%. Hoeveel liter wijn heb je?
24. Je neemt 100 ml natriumhydroxide en je maakt een natriumhydroxideoplossing van 5%. Hoeveel liter kun je maken?

6.5 Oplossingen aanpassen

Wanneer een oplossing niet sterk genoeg is – of de concentratie niet voldoende – dan moet deze aangevuld worden met zuivere stof. Het tegenovergestelde komt ook voor: de concentratie is te sterk en de oplossing moet verdund worden. Voor de duidelijkheid: de sterkte van water is altijd 0%.

Voorbeeld 6
Je hebt 4 l vruchtensap met een sterkte van 10%. Na het proeven blijkt dat de concentratie onvoldoende is en je vult de oplossing aan met 0,5 l vruchtensap. Wat is nu de sterkte?

6.5 · Oplossingen aanpassen

Aanpak:

4.000 ml = 100%. De sterkte van de oplossing was 10%.

Opgeloste stof = ... ml.

1% = 40 ml. Dan is 10% = 400 ml.

Het mengsel wordt aangevuld met 500 ml vruchtensap.

Mengsel = 100% = 4.500 ml.

Sterkte = ... %. 1% = 45 ml.

Opgeloste stof = 400 ml + 500 ml = 900 ml.

Concentratie wordt dus: $\frac{900}{45} = 20$.

De sterkte van de oplossing is nu 20%.

Een andere aanpak:

$$\frac{\text{opgeloste stof}}{\text{totale volume}} \times 100\% = \frac{900 \text{ ml}}{4.500 \text{ ml}} \times 100\% = 20\% \text{ v/v}.$$

Voorbeeld 7

Je hebt 4 l vruchtensap met een sterkte van 20%. Na het proeven blijkt dat de concentratie te hoog is en je verdunt de oplossing met 1 l water. Wat is nu de sterkte van het vruchtensap?

Aanpak:

Vóór verdunning had je 4.000 ml sap. Dat bevatte 20% → $\frac{20}{100} \times 4.000 = 800$ ml zuiver sap.

Na het toevoegen van 1.000 ml water zit er nog steeds 800 ml zuiver sap in, maar de totale oplossing is 5.000 ml geworden.

Nu is 800 ml dus: $\frac{800}{5.000} \times 100\% = 16\%$ v/v.

Opgaven

25. Je verdunt 4 l zoutzuuroplossing van 8% v/v met 2 l water. Wat wordt de nieuwe sterkte?
26. Je doet bij 3 l waterstofperoxideoplossing van 15% 1 l water. Wat wordt de nieuwe sterkte?
27. Als je 10 ml van een mengsel dat 20 g werkzame stof per 100 ml bevat verdunt tot 50 ml, wat wordt dan de nieuwe concentratie?

6.6 Verdunnen

Soms is een te hoge concentratie gevaarlijk en moet je een oplossing verdunnen.

Voorbeeld 8
Stel, je hebt een waterstofperoxideoplossing van 30% op voorraad. Voor het bleken van het haar van je zus heb je 200 ml van een 8%-oplossing nodig. Hoeveel van de 30%-oplossing meet je dan af om te verdunnen tot die 200 ml?

Aanpak:
8% van 200 ml is 16 ml pure waterstofperoxide. In de geconcentreerde oplossing is die 16 ml gelijk aan 30% van het volume.

Als: 16 ml = 30%, dan is 0,533 ml = en 53,3 = 100%.

Die 53,3 ml verdun je tot 200 ml en je hebt een oplossing van 8%.

Een heel eenvoudige formule om dit soort berekeningen te maken is: $V_1 \times C_1 = V_2 \times C_2$. Die lees je als: volume van de 1e oplossing × concentratie van de 1e oplossing = volume van de 2e oplossing × concentratie van de 2e oplossing.
$V_1 = X$ ml
$C_1 = 30\%$
$V_2 = 200$ ml
$C_2 = 8\%$
Invullen levert: $X \times 30 = 200 \times 8$

Dus het gezochte volume is $\dfrac{200 \times 8}{30} \times = 53{,}3$ ml.

- ### Opgaven
28. Je hebt nodig 200 ml van een 2%-chlorixoplossing. In voorraad is een 10%-oplossing. Hoeveel neem je daarvan en met hoeveel ml water verdun je die?
29. Je hebt nodig 250 ml van een 0,5%-chloorhexidineoplossing. In voorraad is een 20%-oplossing. Hoeveel neem je daarvan en met hoeveel ml water verdun je die?

Rekenen bij bereiden en afleveren

Samenvatting

In dit hoofdstuk behandelen we het rekenen rond bereidingen. Een aantal paragrafen zijn daardoor vooral bestemd voor de studenten die het keuzedeel *Bereiden en aseptische handelingen* volgen. Mocht je een onderdeel niet goed begrijpen, dan kun je de basis ervan in de voorafgaande hoofdstukken nog eens nalopen en narekenen.

7.1 Zetpilberekeningen – 76

7.2 Bereidingshoeveelheden wijzigen – 78

7.3 Internationale eenheden – 80

7.4 Controleberekeningen – 84

7.5 Bewaartermijnen – 85

7.6 Afleverhoeveelheden – 86

© Bohn Stafleu van Loghum, onderdeel van Springer Media B.V. 2018
D. van Hulst, *Farmaceutisch rekenen*, Basiswerk AG,
https://doi.org/10.1007/978-90-368-2019-6_7

In dit hoofdstuk behandelen we het rekenen rond bereidingen. Een aantal paragrafen zijn daardoor vooral bestemd voor de studenten die het keuzedeel *Bereiden en aseptische handelingen* volgen.

Mocht je een onderdeel niet goed begrijpen, kun je de basis ervan in de voorafgaande hoofdstukken nog eens nalopen en narekenen.

7.1 Zetpilberekeningen

- Keuzedeel *Bereiden en aseptische handelingen*

Een zetpil is een farmaceutische toedieningsvorm waarbij een geneesmiddel per dosis rectaal wordt ingebracht. Een zetpil bestaat uit een geneesmiddel en hulpstoffen, waaronder de zetpilbasis. Om de samenstelling van zetpillen goed te kunnen berekenen is het noodzakelijk om een aantal begrippen goed te begrijpen.

Zetpillen zijn er in verschillende grootte; je kunt een baby immers geen zetpil geven met dezelfde afmeting als die van een volwassene. De grootte van een zetpil wordt aangegeven in milliliter met daarachter een getal. Dit getal staat voor de zetpilbasis *zonder* geneesmiddel ofwel het vulgewicht (◘ tab. 7.1)

Het *vulgewicht*, ook wel de vulwaarde genoemd, is de hoeveelheid zetpilbasis per geheel gevulde zetpilvorm of zetpilkanaal. Dit is afhankelijk van de gebruikte zetpilbasis en van de zetpilvorm.

Indien er een geneesmiddel en eventuele hulpstoffen aan een zetpil worden toegevoegd, neemt dit ruimte in. Op de plaats waar paracetamol zit, kan dan geen zetpilbasis meer zitten; de stof paracetamol heeft de zetpilbasis van zijn plaats verdrongen. Dit noemen we de verdringingsfactor. De verdringingsfactor (v.f.) is in de regel 0,65 voor adeps solidus (letterlijk: vast vet). Aan geneesmiddelen waarvan de dosering $\leq$ 50 mg bedraagt, wordt 100 mg lactose toegevoegd.

Het eindgewicht van een zetpil wordt berekend door het gewicht van het geneesmiddel per zetpil, hulpstoffen per zetpil en de zetpilbasis per zetpil bij elkaar op te tellen. In de praktijk zul je de af te wegen hoeveelheden zetpilbasis, hulpstoffen en geneesmiddel optellen en delen door het aantal te maken zetpillen. Het werkelijke eindgewicht (dat bepaald wordt na de bereiding) mag maximaal 3 % afwijken van het berekende eindgewicht.

- Opgaven
    1. Bereken de verdringingswaarde van de volgende opgaven:
        a. 200 mg aminofylline, verdringingsfactor 0,65.
        b. 600 mg zinkoxide, verdringingsfactor 0,25.
        c. 100 mg cyclizinehydrochloride, verdringingsfactor 0,70.
    2. Bereken de benodigde hoeveelheid zetpilbasis per zetpil in mg indien 100 mg chloorpromazinehydrochloride (v.f. = 0,65) verwerkt wordt in een zetpil met een vulwaarde van 2,07 g.
    3. a. Bereken de benodigde hoeveelheid zetpilbasis per zetpil in mg indien 120 mg bismuth subgallas (v.f. = 0,3) verwerkt wordt in zetpillen met een vulwaarde van 2,61 g.

7.1 · Zetpilberekeningen

Tabel 7.1 FNA-zetpilvormen.

volume (ml):	vulgewicht adeps solidus[a] (g)	vulgewicht hydrofiel[b] (g)
1,15	1,07	1,32
2,3	2,07	2,54
2,8	2,61	3,16

[a] letterlijk: vast vet
[b] dl macrogol 1.500; 2 dl macrogol 4.000

b. Bereken de benodigde hoeveelheid zetpilbasis in mg per zetpil indien in een zetpil met een vulwaarde van 2.475 mg verwerkt worden: 100 mg bismuthi subnitras (v.f. = 0,3); 300 mg zinci oxidum (v.f. = 0,25).
4. Bereken het theoretisch eindgewicht van een zetpil die 100 mg geneesmiddel (v.f. = 0,65) bevat. De vulwaarde is 1.070 mg.
5. Bereken het theoretisch eindgewicht indien de zetpil 0,25 gram stof A en 0,1 gram stof B bevat. De vulwaarde is 2.610 mg (idem) en de verdringingsfactor voor beide stoffen is 0,65.
6. Bereken het theoretisch eindgewicht indien 500 mg paracetamol (v.f. 0,65) en 40 mg codeïne (v.f. 0,7) worden verwerkt tot zetpillen. De vulwaarde 2,09.
7. Bereken de afwijking van het theoretisch eindgewicht in mg en in procenten (afronden op 1 decimaal). Werkelijk gewicht: 2.760 mg, theoretisch eindgewicht: 2.800 mg.
8. Bereken de afwijking van het theoretisch eindgewicht in mg en in procenten (op 1 decimaal). Werkelijk gewicht: 2.710 mg, theoretisch eindgewicht: 2.800 mg.
9. Gegeven:
R/Stof A 175 mg
Fac supp dtd no VI.
Bereken de af te wegen hoeveelheden en het theoretisch eindgewicht (op 1 decimaal). Gebruik een vorm met vulwaarde 2,07. De verdringingsfactor is 0,7. Bereken met vijf zetpillen overmaat.
10. R/Morfine HCl 25 mg (v.f. = 0,65).
Lactose 100 mg (v.f. = 0,6).
Vulwaarde van de vorm 2,75.
Fac supp dtd no 8 (5 overmaat).
Hoeveel mg van elk bestanddeel moet je afwegen en hoeveel bedraagt het theoretisch eindgewicht?
11. R/Efedrine HCl 25 mg.
Lactose 100 mg.
Fac supp dtd no VII met een vulwaarde van 2.070 mg (6 overmaat).
a. Hoeveel hele milligrammen van elk bestanddeel moet je afwegen (efedrine HCl v.f. = 0,65, en van lactose v.f. = 0,6)?
b. Indien het gemiddeld gewicht van de uitgegoten zetpillen 2.175 mg is, hoe groot is dan de afwijking van het theoretisch eindgewicht? Afronden op 1 decimaal.

12. R/Paracetamol 360 mg.
    Fac supp dtd no VI (5 zetpillen overmaat).
    Bereken de af te wegen hoeveelheden en het theoretisch eindgewicht. Gebruik een vorm met een vulwaarde 2,61. Let op: de grondstof paracetamol 45 is op; er zijn wel tabletten van 500 mg die 1.100 mg per stuk wegen.
13. R/Stof × 100 mg. Per zetpil wordt er 75 mg basis verdrongen. Fac supp dtd no 10.
    a. Hoeveel van de stoffen moet je afwegen als je zes zetpillen overmaat maakt en een vorm met een vulwaarde 2,07 gebruikt?
    b. Bereken het theoretisch eindgewicht in verliespercentage indien het gemiddeld gewicht van de uitgegoten zetpillen 2.015,3 mg bedraagt.
14. Stel: een tablet bevat 40 mg werkzame stof en weegt 110 mg per stuk. Je moet tien zetpillen bereiden met 60 mg werkzame stof per zetpil (bereken 6 zetpillen overmaat). N.B. Er wordt geen extra lactose toegevoegd.
    a. Hoeveel tabletten moet je nemen en hoeveel moet je hiervan afwegen?
    b. Wat is het theoretisch eindgewicht indien de vulwaarde 3.000 mg is?
15. Stel: een tablet bevat 40 mg werkzame stof en weegt 110 mg per stuk. Je moet zes zetpillen bereiden met 55 mg werkzame stof per zetpil (bereken 5 zetpillen overmaat). N.B. Er wordt geen extra lactose toegevoegd.
    a. Hoeveel tabletten moet je nemen en hoeveel moet je hiervan afwegen?
    b. Wat is het theoretisch eindgewicht indien de vulwaarde 3.000 mg is?
16. Stel: een tablet bevat 40 mg werkzame stof en weegt 110 mg per stuk. Je moet zeven zetpillen bereiden met 37,5 mg werkzame stof per zetpil (bereken 5 zetpillen overmaat). N.B. Er wordt geen extra lactose toegevoegd.
    a. Hoeveel tabletten moet je nemen en hoeveel moet je hiervan afwegen?
    b. Wat is het theoretisch eindgewicht indien de vulwaarde 3.000 mg is?

7.2 Bereidingshoeveelheden wijzigen

Soms is een recept nog niet helemaal uitgeschreven en moet je de af te wegen hoeveelheden uitrekenen. Ook kan het voorkomen dat je om een of andere reden de bereidingshoeveelheid moet wijzigen.

- Opgaven
17. Op een recept staat Cremor Lanette cum Vaseline ana 100 gram. De crème bestaat uit gelijke delen lanettecrème en vaseline. Hoeveel van elk wordt met elkaar gemengd?
18. Op een recept staat Cremor Lanette cum Vaseline ana 150 gram. De crème bestaat uit gelijke delen lanettecrème en vaseline. Hoeveel van elk wordt met elkaar gemengd?
19. Op een recept staat Cremor Lanette cum Vaseline ana 500 gram. De crème bestaat uit gelijke delen lanettecrème en vaseline. Hoeveel van elk wordt met elkaar gemengd?

7.2 · Bereidingshoeveelheden wijzigen

20. Hoeveel gram moet er van de volgende stoffen en zalf worden afgewogen indien:

   a) acidum salicylicum
   acidum benzoicum aa 2 %
   ung zinci oxidum ad 45 gram
   b) acidum salicylicum
   acidum benzoicum aa 0,5 %
   ung zinci oxidum ad 20 gram
   c) acidum salicylicum
   acidum benzoicum aa 5 %
   ung zinci oxidum ad 75 gram
   d) acidum salicylicum
   acidum benzoicum aa 6,5 %
   ung zinci oxidum ad 50 gram

21. In een apotheek, ergens in het noorden van het land, wordt salicylzuur in vaseline vaak voorgeschreven. De concentratie van de salicylzuur verschilt nogal. Om die reden is er een voorraadpot bereid met daarin: 50 % salicylzuur en 50 % vaseline. Hoeveel moet hiervan worden afgewogen indien de volgende bereidingen moeten worden gemaakt:
    a. salicylzuur 20 % in vaseline ad 100 g
    b. salicylzuur 15 % in vaseline ad 30 g
    c. salicylzuur 10 % in vaseline ad 60 g
    d. salicylzuur 6,5 % in vaseline ad 50 g

22. In de apotheek komt er een recept binnen met daarop de bereiding van een zalf. Deze zalf bevat 4 % werkzame stof; hiervan zou 250 gram afgeleverd moeten worden, maar ik loop tegen de volgende problemen aan:
    a. Ik heb maar 3 gram werkzame stof.
    b. Ik heb maar 8 gram werkzame stof.
    c. Ik heb maar 4 gram werkzame stof.
    Hoeveel zalf kan er bij deze scenario's maximaal worden afgeleverd?

23. acidum salicylicum
    acidum benzoicum aa 1,50 %
    ung zinci oxidum ad 30 gram
    a. Hoeveel weeg je van deze bereiding af?
    b. Gegevens: ung. zinci oxidum bevat 10% zinkoxide. Bereken hoeveel gram zinkoxide deze zalf bevat.

24. acidum salicylicum
    acidum benzoicum aa 2 %
    ung zinci oxidum ad 75 gram
    a. Hoeveel weeg je van de bovenstaande bereiding af?
    b. Gegevens: ung. zinci oxidum bevat 10% zinkoxide. Bereken hoeveel gram zinkoxide deze zalf bevat.

25. In de apotheek komt een recept binnen met daarop een bereiding van een crème. Deze crème bevat 6 % werkzame stof; hiervan zou 150 gram afgeleverd moeten worden, maar ik loop tegen de volgende problemen aan:
    a. Ik heb maar 4,5 gram werkzame stof.
    b. Ik heb maar 3 gram werkzame stof.
    Bereken hoeveel crème je in beide scenario's kunt afleveren. Bereken van iedere grondstof de af te wegen hoeveelheden.

26. Je krijgt het volgende recept:
acidum salicylicum 10 %
zinci oxidum 4,5 %
Cremor lanette ad 75 g
Salicylzuur mag in de lanettecrème verwerkt worden van minimaal 20 mg/g tot maximaal 400 mg/g. Bereken de concentratie salicylzuur in deze crème en trek vervolgens de conclusie of deze crème mag worden bereid.
a. Hoeveel moet er worden afgewogen indien er 100 gram wordt bereid?
b. Hoeveel moet er worden afgewogen indien er 250 gram wordt bereid?

7.3 Internationale eenheden

- Keuzedeel *Bereiden en aseptische handelingen*

Een massa in een vloeistof wordt uitgedrukt in milligram of gram, maar dit kan ook in IE (Internationale Eenheden) gedaan worden. Dat kom je tegen bij vitaminedranken, sommige antistollingsmiddelen, insulinepreparaten en sommige antibioticadranken. In plaats van mg of g staat er dan IE. In deze paragraaf komen alle genoemde toepassingen aan bod.

Voorbeeld 1

vitamine D$_3$-drank:

colecalciferol densatum oleosum 2.000.000 IE/g	2,5 g
acidum citricum monohydricum	240 mg
anisi aetheroleum	10 gtt (220 mg) (gtt: guttae = druppels)
kalii sorbas	300 mg
polysorbatum 80	12,5 mg
sirupus simplex	12,5 mg
aqua purificata	75,7 g
totaal:	104 g (100 ml)

Vraag: hoeveel IE vitamine D (colecalciferol) zit er in 15 ml?

Aanpak:
In 100 ml drank zit 2,5 gram colecalciferol die 2.000.000 IE/g bevat, dus:

$2,5 \times 2.000.000$ IE $= 5.000.000$ IE per 100 ml

per 15 ml 15 : 100 $\times$ 5.000.000 = 750.000 IE

Vraag:
Iemand heeft 500 IE vitamine D per dag nodig. Hoeveel ml moet dan worden ingenomen?

7.3 · Internationale eenheden

Aanpak:
In 100 ml drank zit 2,5 gram colecalciferol die 2.000.000 IE/g bevat, dus:

2,5 × 2.000.000 IE = 5.000.000 IE per 100 ml

500 IE zit dan in 500 : 5.000.000 × 100 = 0,01 ml.

Vraag:
Iemand heeft 200 IE vitamine D per dag nodig. 20 druppels wegen 41,6 mg. Hoeveel druppels moet dan worden ingenomen?

Aanpak:
In 100 ml drank zit 2,5 gram colecalciferol die 2.000.000 IE/g bevat, dus:

2,5 × 2.000.000 IE = 5.000.000 IE per 100 ml ofwel 104 gram (zie bereiding).

20 druppels wegen 41,6 mg; 1 druppel weegt 2,08 mg.

In 1 druppel zit dan 0,00208 g : 104 g × 5.000.000 = 100 IE.

De patiënt heeft 200 IE nodig dus 200 : 100 × 1 druppel = 2 druppels.

■ Opgaven

27. Gegeven het volgende voorschrift, hoeveel vitamine D (colecalciferol) – zowel in g als in IE – zit er in:

    colecalciferol densatum oleosum 2.000.000 IE/g   2,5 g in 104 g (100 ml)

    a. 20 ml
    b. 18 ml
    c. 12 ml

28. Bereken de onderstaande opgave aan de hand van het voorschrift uit opgave 27:
    a. Iemand heeft 25.000 IE vitamine D per dag nodig. Hoeveel ml moet dan worden ingenomen?
    b. Iemand heeft 100 IE vitamine D per dag nodig. Hoeveel ml moet dan worden ingenomen?
    c. Iemand heeft 7.500 IE vitamine D er dag nodig. Hoeveel ml moet dan worden ingenomen?
29. Gegeven is het volgende voorschrift voor vitamine D-druppels.

    colecalciferol densatum oleosum 3.000.000 IE/g   3 g in 104 g (100 ml)

    Hoeveel vitamine D (colecalciferol) – zowel in g als in IE – zit er in:
    a. 12 ml
    b. 3 ml
    c. 24 ml

30. Bereken de onderstaande opgave aan de hand van het voorschrift uit opgave 29:
    a. Iemand heeft 2.700 IE vitamine D per dag nodig. Hoeveel ml moet dan worden ingenomen?
    b. Iemand heeft 900 IE vitamine D per dag nodig. Hoeveel ml moet dan worden ingenomen?
    c. Iemand heeft 1.800 IE vitamine D per dag nodig. Hoeveel ml moet dan worden ingenomen?
31. Bereken de onderstaande opgave aan de hand van het voorschrift uit opgave 29:
    a. 20 druppels hebben een gewicht van 416 mg. Hoeveel IE vitamine D bevat 1 druppel?
    b. 20 druppels hebben een gewicht van 34,67 mg. Hoeveel IE vitamine D bevat 1 druppel?
    c. 20 druppels hebben een gewicht van 0,55467 g. Hoeveel IE vitamine D bevat 1 druppel?
32. Heparine is een antistollingsmiddel. Een flacon van 5 ml zit 5.000 IE heparine. Vul de volgende opgaven aan de hand van dit gegeven in:
    a. 600 IE = ... ml
    b. 2.500 IE = ... ml
    c. ... IE = 0,01 ml
    d. ... IE = 3 ml
    e. 0,2 ml = ... IE
    f. 1,7 ml = ... IE
    g. 20 IE = ... ml
    h. 12.500 IE = ... ml

Voorbeeld 2
Insuline Novorapid bevat 100 IE humaan insuline per ml. Joachim moet 20 IE per keer spuiten. Hoeveel ml moet hij spuiten?

Aanpak:
100 IE per ml 20 IE = 0,2 ml (20 : 100 × 1 ml)

33. Insuline Novorapid bevat 100 IE humaan insuline per ml. Hoeveel ml (2 decimalen) spuit mevrouw Ucca aan Novorapid indien zij de volgende IE toedient:
    a. 5 IE Novorapid
    b. 15 IE Novorapid
    c. 25 IE Novorapid
34. Insuline Novorapid bevat 100 IE humaan insuline per ml. Hoeveel krijgt meneer De Jongh toegediend indien hij de volgende hoeveelheden spuit:
    a. 0,07 ml
    b. 0,10 ml
    c. 0,35 ml

7.3 · Internationale eenheden

35. De heer De Graauw spuit Novorapid (100 IE humaan insuline per ml). De aanbevolen dosis is 0,15 IE/kg. De heer De Graauw weegt 99 kilo. Hoeveel ml insuline krijgt hij toegediend?
36. Mevrouw Asia spuit Novorapid (100 IE humaan insuline per ml). De aanbevolen dosis is 0,15 IE/kg. Mevrouw weegt 68 kilo. Hoeveel ml insuline krijgt zij toegediend?

Voorbeeld 3

Een zuigeling van 3.450 gram moet ter bestrijding van een infectie worden behandeld met benzylpenicilline.

Dosering: zuigelingen 60.000 IE/kg lichaamsgewicht per 24 uur in 2-3 doses. Men maakt gebruik van 'poeder voor inj.vlst: 1 mil. IE' en voegt hieraan vloeistof toe tot een volume van 10 ml.

Hoeveel ml injectievloeistof moet er minimaal en maximaal per keer worden geïnjecteerd?

Aanpak:
De zuigeling weegt 3.450 gram = 3,45 kg.

Norm per dag is 60.000 IE/kg lichaamsgewicht per 24 uur, is dus: 3,45 × 60.000 IE = 207.000 IE.

Norm per keer *minimaal* 207.000/3 = 69.000 IE.

Norm per keer *maximaal* 207.000/2 = 103.5000 IE.

De injectievloeistof bevat, nadat deze is aangevuld tot 10 ml, 1.000.000 IE/ml per ml. Dit komt dit neer op 100.000 IE (1.000.000/10) per ml.

Minimaal injecteren 69.000/100.000 = 0,69 ml.

Maximaal injecteren 103.5000/100.000 = 1,03 ml.

37. Een zuigeling van 5.125 gram moet ter bestrijding van een infectie worden behandeld met benzylpenicilline. Dosering: zuigelingen 60.000 IE/kg lichaamsgewicht per 24 uur in 2-3 doses.
    Men maakt gebruik van 'Poeder voor inj.vlst.: 1 milj. IE', en voegt hieraan vloeistof toe tot een volume van 25 ml. Hoeveel ml injectievloeistof moet er minimaal en maximaal per keer worden geïnjecteerd?
38. Een kind van 13.500 gram moet ter bestrijding van een infectie worden behandeld met benzylpenicilline. Dosering voor dit kind: 200.000 IE/kg lichaamsgewicht per 24 uur in 4-6 doses.
    Men maakt gebruik van 'Poeder voor inj.vlst.: 1 milj. IE', en voegt hieraan vloeistof toe tot een volume van 10 ml. Hoeveel ml injectievloeistof moet er minimaal en maximaal per keer worden geïnjecteerd?

7.4 Controleberekeningen

Een terhandstelling wordt altijd nog een keer extra gecontroleerd. Hier volgen een paar berekeningen die je dan kunt tegenkomen.

- Opgaven

39. In het algemeen is een orale dosering van 100 mg vergelijkbaar met een intraveneuze dosering van 75 mg. Kloppen de volgende afleveringen?
    a. In plaats van 50 mg ampul levert je collega een orale dosering van 50 mg af.
    b. In plaats van 100 mg ampul levert je collega een orale dosering van 115 mg af.
    c. In plaats van 250 mg ampul levert je collega een orale dosering van 200 mg af.
40. In het algemeen is een orale dosering van 400 mg vergelijkbaar met een i.v. dosering van 200 mg. Kloppen de volgende afleveringen?
    a. In plaats van 100 mg ampul levert je collega een orale dosering van 200 mg af.
    b. In plaats van 150 mg ampul levert je collega een orale dosering van 350 mg af.
    c. In plaats van 50 mg ampul levert je collega een orale dosering van 100 mg af.
41. Op een recept staat 200 gram zalf. Op voorraad liggen tubes van 50 gram. Je collega levert het volgende af. Kloppen de volgende afleveringen?
    a. Vier tubes van 50 gram.
    b. Zeven tubes van 25 gram.
    c. In de handel tubes van 15 gram; dan 12 tubes.
    d. In de handel tubes van 30 gram; dan 7 tubes.
42. Op een recept staat 150 gram miconazolnitraat/hydrocortisoncrème voorgeschreven. Je collega levert het volgende af. Kloppen de volgende afleveringen?
    a. Tien tubes van 15 gram crème.
    b. In de handel tubes van 30 gram: dan 5 tubes.
    c. In de handel tubes van 50 gram: dan 3 tubes.
43. Op een herhalingsrecept moeten 210 tabletten worden afgeleverd. Je collega levert het volgende af. Kloppen de volgende afleveringen?
    a. 7 doosjes van 30 tabletten.
    b. 7 doosjes van 28 tabletten en 1 doosje van 15 tabletten.
    c. 3 doosjes van 50 tabletten.
44. Kloppen de volgende afwegingen?
    a. Je collega weegt 150 mg af; op de display van de grambalans zie je 0,150.
    b. Je collega weegt 11.005 mg af; op de display van de grambalans zie je 11,005.
    c. Je collega weegt 975 mg af; op de display van de grambalans zie je 9,750.
    d. Je collega weegt 100.010 mg af; op de display van de grambalans zie je 100,010.
45. Kloppen de volgende afwegingen?
    a. Je collega weet 250 mg af; op de display van de milligrambalans zie je 2,50.
    b. Je collega weet 21,070 g af; op de display van de milligrambalans zie je 21,700.
    c. Je collega weet 980 mg af; op de display van de milligrambalans zie je 0.980.
    d. Je collega weet 2,78 g af; op de display van de milligrambalans zie je 0,278.

7.5 Bewaartermijnen

Geneesmiddelen zijn niet oneindig houdbaar.
- De *houdbaarheidstermijn* is altijd op het etiket of verpakking te vinden.
- We spreken ook over *bewaartermijnen*: de tijd dat het product in de apotheek bewaard kan worden om af te leveren.
- Verder zijn er *gebruikstermijnen*: de tijd dat het product nog bruikbaar is na het openen.

Hier volgt een aantal opgaven met betrekking tot de verschillende bewaartermijnen.

- Opgaven

46. Een niet-geconserveerde drank is 2 weken houdbaar. Tot welke datum is deze drank houdbaar met de volgende bereidingsdata:
    a. 15 april
    b. 29 juni
    c. 30 augustus
    d. 27 oktober
47. Niet-geconserveerde crèmes zijn na openen 3 maanden houdbaar. Een patiënt smeert gemiddeld 2,5 gram crème per dag. Een tube bevat 30 gram crème. De crème is op 15 januari gemaakt. Mag je deze crème nog afleveren op:
    a. 29 februari?
    b. 5 april?
    c. 2 april?
48. Een geconserveerde crème heeft een bewaartermijn van 24 maanden en na openen nog 12 maanden. De crème is bereid op 23 maart 2016. De patiënt gebuikt gemiddeld 7 gram crème per dag. Een tube bevat 30 gram crème. Mag je deze crème nog afleveren op:
    a. 18 maart 2018?
    b. 1 april 2017?
49. Na openen is een geconserveerde drank nog 6 maanden houdbaar. Een flacon bevat nog 150 ml drank en is op 1 oktober 2016 geopend. Mag deze drank nog worden afgeleverd als:
    a. de afleverdatum 21 maart 2017 en het gebruik 2 × 10 ml is?
    b. de afleverdatum 25 maart 2017 en het gebruik 3 × 15 ml is?
    c. de afleverdatum 18 maart 2017 en het gebruik 6 × 2 ml is?
50. Waterhoudende gel is na bereiden 6 maanden houdbaar. Na openen nog 3 maanden. De gel is op 20 november 2016 geproduceerd. Mag ik deze gel in tubes van 100 gram nog afleveren indien:
    a. de afleverdatum 20 mei 2017 en het gebruik gemiddeld 20 gram per dag is?
    b. de afleverdatum 23 maart 2017 en het gebruik gemiddeld 2 gram per dag is?
    c. de afleverdatum 18 maart 2017 en het gebruik gemiddeld 5 gram per dag is?

51. Oogdruppels zijn na openen 1 maand houdbaar. Een patiënt gebruikt chronisch bepaalde oogdruppels en hij komt iedere maand naar de apotheek om nieuwe oogdruppels te halen. In 1 flacon zit 3 ml oogdruppelvloeistof. Twintig druppels komt overeen met 1 ml. Hoeveel flacons lever je af bij een gebruik van:
   a. 6 × daags 1 druppels in beide ogen?
   b. 3 × daags 1 druppel in beide ogen?
   c. 4 × daags 1 druppel in beide ogen?

7.6 Afleverhoeveelheden

- Opgaven

52. Bereken de aantallen tabletten of capsules:

	dosering	aantal dagen	aantal
a	3D1T	15 dagen	_____
b		30 dagen	_____
c		90 dagen	_____
d	1 – 2D2C	15 dagen	_____
e		30 dagen	_____
f		90 dagen	_____
g	4D1I	15 dagen	_____
h		30 dagen	_____
i		90 dagen	_____
k	2D0,5T	15 dagen	_____
k		30 dagen	_____
l		90 dagen	_____
l	-O1T	15 dagen	_____
n		30 dagen	_____
o		90 dagen	_____
p	3W1T	15 dagen	_____
q		30 dagen	_____
r		90 dagen	_____
s	-D3T 2-0-1	15 dagen	_____
t		30 dagen	_____
u		90 dagen	_____

7.6 · Afleverhoeveelheden

53. Bereken het aantal stuks/verpakkingen:

	middel	doses	aantal stuks/verpakkingen	
			30 dagen	3 maanden
a	ventolin 60 doses	2–4D1I	_____	_____
b	symbicort 200 doses	2D1I	_____	_____
c	metformine 1.000 mg (verp=60 stuks)	2D1T	_____	_____
d	hydrochloorthiazide 25 mg (verp=30 stuks)	1D1T	_____	_____
e	plavix 75 mg (verp=28 stuks)	1D1T	_____	_____
f	timolol oogdruppels 0,5 mg/ml (verp=5 ml)	1D1DR BOG	_____	_____
g	locoïd vetcrème (verp=30 gram)	2D-CR DABR	_____	_____
h	salbutamol cyclocaps 200 µg (verp=120 stuks)	4D1I	_____	_____
i	amoxicilline 125 mg/5 ml (verp=100 ml)	3D5ML (gedurende 10 dagen)	_____	_____

Bedenk zelf een aantal sommen waarbij je de aantallen verpakkingen moet berekenen:

___ _____   _____ _____ _____
___ _____   _____ _____ _____
___ _____   _____ _____ _____
___ _____   _____ _____ _____
___ _____   _____ _____ _____
___ _____   _____ _____ _____
___ _____   _____ _____ _____
___ _____   _____ _____ _____
___ _____   _____ _____ _____
___ _____   _____ _____ _____

54. Geneesmiddelen mogen bij een eerste voorschrift voor maximaal 15 dagen worden meegegeven. De arts schrijft 100 stuks van een antidepressivum voor. De eerste week 1 × daags 1 tablet, de week daarna ophogen naar 1 × daags 2 tabletten en de derde week ophogen tot 1 × daags 3 tabletten.
    a. Hoeveel tabletten geef je de eerste keer mee?
    b. Voor hoeveel dagen zijn de 100 tabletten genoeg?
55. Geneesmiddelen mogen bij een eerste voorschrift voor maximaal 15 dagen worden meegegeven. De arts schrijft 120 stuks van een amfetamine voor. De eerste week 1 × daags 1 tablet, daarna 2 weken 2 × daags 1 tablet en de vierde week ophogen tot 3 × daags 1 tablet.
    a. Hoeveel tabletten geef je de eerste keer mee?
    b. Voor hoeveel dagen zijn de 120 tabletten genoeg?
56. Een Turkse patiënt gaat over twee weken voor vijf maanden op vakantie. De arts vraagt op het recept om voldoende mee te geven voor de vakantieperiode. De patiënt gebruikt Euthyrox® 100 µg 1 × daags 1 tablet. Euthyrox zit in een verpakking van 90 stuks. Hoeveel verpakkingen geef je mee?

57. Een Marokkaanse patiënt gaat over drie weken voor zes maanden op vakantie. De arts vraagt op het recept om voldoende mee te geven voor de vakantieperiode. De patiënt gebruikt omeprazol 40 mg 1 × daags 1 capsule. Omeprazol zit in een verpakking van 30 stuks. Hoeveel verpakkingen geef je mee?
58. Een Marokkaanse patiënt gaat over twee weken voor vijf maanden op vakantie. De arts vraagt op het recept om voldoende mee te geven voor de vakantieperiode. De patiënt gebruikt naproxen 250 mg 2 × daags 1 tablet. Naproxen zit in een verpakking van 30 stuks. Hoeveel verpakkingen geef je mee?
59. Een longarts schrijft Seretide 50/250 discus voor met een dosering van 2 × daags 2–4 inhalaties. Een discus bevat 60 doses. Hoeveel stuks heeft de patiënt minimaal en maximaal nodig voor drie maanden?
60. Een longarts schrijft Ventolin aerosol 100 mg/do voor met een dosering van 1–2 inhalaties maximaal 6 × daags. Een aerosol bevat 200 doses. Hoeveel stuks heeft de patiënt minimaal en maximaal nodig voor drie maanden?
61. Een longarts schrijft Atrovent aerosol 20 µg voor met een dosering van 3–4 × per dag 40 µg, max. 6 × per dag 40 µg. Een aerosol bevat 20 mg per dosis en bevat 200 do. Hoeveel stuks heeft de patiënt minimaal en maximaal nodig voor drie maanden?
62. Een longarts schrijft formoterol inhalatiepoeder *clickhaler* 12 mg/do voor met een dosering van 12–24 mg per keer, in totaal max. 36 mg per keer en 72 mg per dag. Een clickhaler bevat 60 doses. Hoeveel stuks heeft de patiënt minimaal en maximaal nodig voor drie maanden?
63. Veel vrouwen slikken de pil door tijdens de stopweek. Na drie maanden wordt pas een stopweek ingelast. Iemand mag voor een jaar de pil meekrijgen. Een strip bevat 21 tabletten en een verpakking bevat 3 strips.
    a. Hoeveel strips en hoeveel hele verpakkingen moet je dan afleveren?
    b. Hoeveel tabletten worden er dan aangeschreven?
64. Femoston continu bevat per kalenderstrip 28 stuks. Hoeveel worden er afgeleverd voor drie maanden? (**NB**: strips worden niet verknipt indien het om een kalenderverpakking gaat.)
65. Een huisarts schrijft doxycycline 100 mg voor met het volgende gebruik: 200 mg op de eerste dag in één dosis, vervolgens 100 mg 1 × daags gedurende zes dagen. Hoeveel tabletten doxycycline moet je afleveren?
66. Een patiënt volgt een afbouwschema voor prednisolon. Op het recept staat de volgende dosering: 1 × daags 15 mg gedurende zeven dagen, vervolgens iedere week de dosering met 5 mg verminderen. Hoeveel tabletten prednisolon van 5 mg heeft de patiënt nodig voor 28 dagen?

Het doseren van zalven en crèmes is altijd lastig. Er bestaat wel een eenheid gedefinieerd voor het toedienen van zalven en crèmes: een *finger tip unit* of FTU. Een FTU is één volle vingertop crème of zalf en is ongeveer gelijk aan 0,5 gram. Dit is uitgewerkt in de hoeveelheid crème of zalf per keer voor de verschillende lichaamsdelen, zie ◘ tab. 7.2. Deze waarden zijn een richtlijn voor alle crèmes en zalven met werkzame stof.

Beantwoord de volgende vragen met behulp van ◘ tab. 7.2.

7.6 · Afleverhoeveelheden

Tabel 7.2 Hoeveelheid crème/zalf voor de verschillende lichaamsdelen in FTU.

	gezicht en hals	arm	hand	been	voet	romp (voor)	romp (achter)
3–6 maanden	1	1 (arm en hand)		1,5 (been en voet)		1	1,5 (en billen)
1–2 jaar	1,5	1,5 (arm en hand)		2 (been en voet)		2	3
3–5 jaar	1,5	2 (arm en hand)		3 (been en voet)		3	3,5
6–10 jaar	2	2,5 (arm en hand)		4,5 (been en voet)		3,5	5
volwassene	2,5	3	1	6	2	7	7

- Opgave (deze opgaven moet je binnen tien seconden kunnen beantwoorden)
67. Een kindje van 3 jaar heeft een grote wond op haar arm en been. De arts schrijft fusidinecrème 3 × daags voor, voor een periode van twee weken. Hoeveel crème moet je minimaal afleveren? (Fusidinecrème is beschikbaar in tubes van 15 en 30 gram.)
68. Een kindje van 1,5 jaar heeft een wond op haar been en in haar gezicht. De arts schrijft fusidinecrème 3 × daags voor, voor een periode van twee weken. Hoeveel crème moet je minimaal afleveren? (Fusidinecrème is beschikbaar in tubes van 15 en 30 gram.)
69. Een volwassene met uitgebreide laesies psoriasis gebruikt dagelijks Dermovate®-zalf. De dosering is bij opflakkeringen 2 × daags. De psoriasisplekken zitten op de voorkant van de romp en op de armen. Hoeveel zalf heeft deze patiënt maandelijks nodig?
70. Hoeveel tabletten lever je voor de eerste uitgifte (15 dagen) af aan de hand van de volgende gebruiken?
    a. 1 × daags 1,5 tablet
    b. 3 × daags 2 tabletten
    c. om de dag 1 tablet
    d. 3 × per week 2 tabletten
    e. op even dagen 1 tablet en op oneven dagen 2 tabletten
    f. 3 × daags 1 tablet
71. Hoeveel Ventolin Diskus (60 doses) lever je als herhaling (voor drie maanden) af aan de hand van de volgende gebruiken:
    a. 3 × daags 1 inhalatie
    b. 2 × daags 1 inhalatie indien nodig tot maximaal 4 × daags inhalatie
    c. 6 × daags 1 inhalatie
    d. 5 × daags 1 inhalatie

Rekenen met doseringen

Samenvatting

Het controleren van een dosering is een belangrijke taak van een apothekersassistent. Vooral de doseringen voor kinderen moeten veelvuldig nagerekend worden. Doseringen bij kinderen én doseringen van sterk werkende geneesmiddelen worden vaak op gewicht of op lichaamsoppervlakte berekend. In dit hoofdstuk zullen we een aantal soorten berekeningen rond doseringen uitvoeren. Veel van de bewerkingen hebben we al geoefend in eerdere hoofdstukken. In dit hoofdstuk komt het allemaal samen of wordt het nog een keer aan de orde gesteld.

8.1 Doseringen en dranken – 92

8.2 Doseringen in dermatologische preparaten – 94

8.3 Kinderdoseringen – 95

8.4 Doseringen op basis van lichaamsoppervlakte – 98

© Bohn Stafleu van Loghum, onderdeel van Springer Media B.V. 2018
D. van Hulst, *Farmaceutisch rekenen*, Basiswerk AG,
https://doi.org/10.1007/978-90-368-2019-6_8

Het controleren van een dosering is een belangrijke taak van een apothekersassistent. Vooral de doseringen voor kinderen moeten veelvuldig nagerekend worden. Doseringen bij kinderen én doseringen van sterk werkende geneesmiddelen, worden vaak op gewicht of op lichaamsoppervlakte berekend.

In dit hoofdstuk zullen we een aantal soorten berekeningen rond doseringen uitvoeren. Veel van de bewerkingen hebben we al geoefend in eerdere hoofdstukken. In dit hoofdstuk komt het allemaal samen of wordt het nog een keer aan de orde gesteld.

8.1 Doseringen en dranken

De concentratie van een drank wordt aangeduid met mg/ml. Dit betekent het aantal milligrammen werkzame stof in 1 ml drank. Bij ranitidinedrank 15 mg/ml bijvoorbeeld, bevat iedere milliliter drank 15 mg ranitidine hydrochloride (ranitidine HCl). We noemen dat ook wel de *sterkte* van de drank.

De dosering van een geneesmiddel wordt in milligrammen weergegeven. Indien er een drank wordt voorgeschreven, dient dit omgezet te worden in het aantal milliliters.

Voorbeeld 1
Op een recept wordt ranitidinedrank 15 mg/ml voorgeschreven. Het gebruik is:
1 × daags 7,5 mg ranitidine. Dit betekent dat op het etiket het volgende wordt vermeld:

1 × daags 0,5 ml (7,5 mg : 15 mg × 1 ml).

Hierbij is de doseringscontrole eenvoudig. Anders wordt dit indien het aantal milliliters op het recept wordt vermeld. Om doseringscontrole uit te voeren, moet er soms van milliliter naar milligram worden omgerekend. Er staat bijvoorbeeld op het recept:

2 × daags 2 ml ranitidinedrank 15 mg/ml

Aanpak:
Per keer wordt er 30 mg (15 mg × 2 ml) en per dag wordt er 60 mg (15 mg × 4 ml) ranitidine HCl toegediend.

Opgaven

1. Ranitidinedrank 15 mg/ml. Beantwoord de volgende vragen met juist of onjuist.
   a. In 2 ml zit meer dan 15 mg ranitidine HCl.
   b. Het aantal ml drank bepaalt de hoeveelheid geneesmiddel dat wordt toegediend.
   c. In 0,5 ml drank zit meer dan 15 mg ranitidine HCl.
   d. Een patiënt moet 1,5 ml drank innemen om 22,5 mg ranitidine HCl in te kunnen nemen.
2. Hoeveel milliliter ranitidinedrank 15 mg/ml dient de patiënt te krijgen per keer en per dag bij een voorschrift van 2 × daags 6 mg ranitidine HCl?

3. Hoeveel milliliter ranitidinedrank 15 mg/ml dient de patiënt te krijgen per keer en per dag bij een voorschrift van 2 × daags 9 mg ranitidine HCl?
4. Gegeven: een drank bevat 0,25 mg geneesmiddel per ml (0,25 mg/ml. Hoeveel milliliter drank neemt een patiënt per keer en per dag in bij een gebruik van:
   a. 3 × daags 0,500 mg?
   b. 4 × daags 1,25 mg?
   c. 2 × daags 1,5 mg?
5. Furosemidedrank FNA bevat 2 mg furosemide hydrochloride per ml. Hoeveel milliliter drank neemt een patiënt per keer en per dag in bij een gebruik van:
   a. 2 × daags 1,5 mg?
   b. eenmalig 1 mg?
   c. 2 × daags 5 mg?
6. Melissa heeft hevige pijn en krijgt 6 × daags 30 mg morfine. De morfine wordt door de sonde gegeven. De apotheek levert morfinedrank met een concentratie van 20 mg/ml. Hoeveel milliliter morfinedrank krijgt Melissa per keer en per dag?
7. Paracetamoldrank 24 mg/ml met een dosering van 3 × daags 5 ml. Hoeveel milligram paracetamol krijgt de patiënt per keer en hoeveel milligram paracetamol krijgt de patiënt per dag?
8. Gegeven: een drank bevat 150 microgram geneesmiddel per milliliter. Hoeveel milligram geneesmiddel per keer en hoeveel milligram geneesmiddel per dag neemt een patiënt in bij een gebruik van:
   a. 3 × daags 8 ml?
   b. 3 × daags 5 ml?
   c. 2 × daags 7 ml?
   d. 4 × daags 2 ml?
9. Hydrochloorthiazidedrank FNA bevat 0,5 mg/ml hydrochloorthiazide. Hoeveel mg hydrochloorthiazide krijgt de patiënt per keer en per dag bij een gebruik van:
   a. 2 × daags 2 ml?
   b. 2 × daags 0,5 ml?
   c. 2 × daags 3 ml?
10. Broomhexine (hydrochloride) heeft als normdosering voor volwassenen 4–16 mg 3 × per dag. Een volwassene neemt Bisolvon (hydrochloride)® 0,8 mg/ml in. Voldoet de inname aan de norm indien de volwassene respectievelijk inneemt:
    a. 3 × daags 20 ml?
    b. 3 × daags 4 ml?
    c. 3 × daags 14 ml?
    d. 3 × daags 10 ml?

8.2 Doseringen in dermatologische preparaten

Voor alle toedieningsvormen bestaat er een zogenoemde normdosering. Zo ook voor dermatologische preparaten. Voor deze toedieningsvorm wordt de normdosering weergegeven in mg/g. Dit betekent het aantal milligram werkzame stof in een gram dermatologisch preparaat.

Voorbeeld 2
Acidum salicylicum (90) 2.000 mg

Cremor Lanette I FNA ad 40 g

De normdosering voor salicylzuur (lokaal) is 50–100 mg/g. Mag deze crème worden bereid?

Aanpak:
Voorgeschreven 2.000 mg in 40 gram. Dit betekent 50 mg in 1 gram (2.000 mg : 40). Deze bereiding voldoet aan de norm.

Opgaven
11. De volgende magistrale bereidingen mogen worden gemaakt indien ze aan de norm voldoen. De normdosering van promethazine (lokaal) HCl is 20 mg/g. Welke crèmes mogen worden bereid?
    a. promethazine HCl 300 mg/cremor cetomacrogol ad 15 gram.
    b. promethazine HCl 700 mg/cremor cetomacrogol ad 30 gram.
    c. promethazine HCl 2.000 mg/cremor cetomacrogol ad 75 gram.
    d. promethazine HCl 100 mg/cremor cetomacrogol ad 5 gram.
12. De volgende magistrale bereidingen mogen worden gemaakt indien zij aan de norm voldoen. Salicylzuur mag in de cetomacrogolcrème verwerkt worden en de normdosering luidt als volgt: van minimaal 20 mg/g tot maximaal 400 mg/g. Welke crèmes mogen worden bereid?
    a. ac. salicylicum 6 g in cremor cetomacrogol ad 100 gram.
    b. ac. salicylicum 6 g in cremor cetomacrogol ad 300 gram.
    c. ac. salicylicum 900 mg in cremor cetomacrogol ad 50 gram.
    d. ac. salicylicum 300 mg in cremor cetomacrogol ad 10 gram.
13. R/Miconazol 4 gram
    Cremor cetomacrogol ad 400 gram
    Miconazolcrème moet 20 mg/g miconazol bevatten.
    Controleer de hoeveelheid miconazol in deze crème; is de concentratie juist? Zo niet, pas deze dan aan de normdosering aan. Hoeveel miconazol moet er voor een crème met de juiste sterkte worden afgewogen?
14. Gegeven de volgende bereiding:
    R/Promethazine HCl 500 mg
    Cremor cetomacrogolis ad 25 g

De normdosering voor promethazine (lokaal) HCl is 20 mg/g. Controleer de hoeveelheid promethazine in deze crème; is de concentratie juist? Zo niet, pas deze dan aan de normdosering aan. Hoeveel promethazine moet er voor een crème met de juiste sterkte worden afgewogen?

8.3 Kinderdoseringen

Vooral bij baby's en kinderen moet je soms een dosering uitrekenen aan de hand van het lichaamsgewicht. Het meest komt dat in de openbare apotheek voor bij antibiotica. Je rekent de dosering dan uit aan de hand van het lichaamsgewicht in kilogrammen. De normdosering wordt uitgedrukt in het aantal milligrammen per kilogram lichaamsgewicht (mg/kg). Het gewicht wordt uitgedrukt in kilogrammen en mag je afronden op één decimaal achter de komma.

Voorbeeld 3
Baby Wang weegt 2,78 kg. De dosering is 3 mg/kg. Dit betekent 3 mg per kilogram lichaamsgewicht. Hoeveel mg krijgt baby Wang van het geneesmiddel? (**NB:** bij de berekeningen met gewicht in kg kun je uitgaan van één decimaal achter de komma.)

Aanpak:
Baby Wang krijgt 2,8 × 3 mg = 8,4 mg.

Voorbeeld 4
De dosering van een antibioticum bedraagt 15 mg/kg in 3 doses. Puck weegt 30 kilo. Hoeveel mg antibioticum krijgt Puck per keer en hoeveel antibioticum krijgt Puck per dag?

Aanpak:
15 mg/kg lichaamsgewicht in 3 doses betekent dat de hoeveelheid over 3 toedienmomenten wordt verdeeld. In dit geval 15 mg × 30 = 450 mg antibioticum per dag; per keer is dit dan 150 mg.

■ Opgaven
15. Een pasgeboren baby krijgt 25 mg antibioticum per kg lichaamsgewicht. De baby weegt 2.780 gram. Hoeveel gram amoxicilline krijgt de baby per dag?
16. Een pasgeboren baby krijgt 25 mg antibioticum per kg lichaamsgewicht. De baby weegt 3.350 gram. Hoeveel mg amoxicilline krijgt de baby per dag?
17. Een pasgeboren baby krijgt 15 mg antibioticum per kg lichaamsgewicht. De baby weegt 4,35 kg. Hoeveel gram amoxicilline krijgt de baby per dag?
18. Bas krijgt een antibioticumkuur voorgeschreven. Bas weegt 50.150 g. De dosering van dit antibioticum luidt: 30 mg/kg in 3 doses. Hoeveel antibioticum krijgt Bas per keer en hoeveel per dag in hele milligrammen?

19. Peter krijgt een kuurtje antibioticum voorgeschreven. Peter weegt 60 kg. De dosering van dit antibioticum luidt: 45 mg/kg in 4 doses. Hoeveel antibioticum krijgt Peter per keer en hoeveel per dag?
20. Lenda krijgt een kuurtje antibioticum voorgeschreven. Lenda weegt 39,6 kg. De dosering van dit antibioticum luidt: 25 mg/kg in 5 doses. Hoeveel antibioticum krijgt Lenda per keer en hoeveel per dag?
21. Karlijn krijgt antibioticacapsules voorgeschreven. Zij weegt 45 kg. De dosering van dit antibioticum luidt: 15–20 mg/kg in 3 doses gedurende 7 dagen.
    a. Hoeveel mg antibioticum moet Karlijn per keer krijgen?
    b. Er bestaan capsules van 250 mg en 375 mg. Welke capsules zijn hier aangewezen?
22. Tjerk krijgt antibioticacapsules voorgeschreven. Hij weegt 24.555 gram. De dosering van dit antibioticum luidt: 40 mg/kg in 3 doses gedurende 7 dagen.
    a. Hoeveel mg antibioticum heeft Tjerk per keer nodig?
    b. Er bestaan capsules van 250 mg en 375 mg. Welke zouden het dichtst bij deze dosering komen?

Bij het voorschrijven van een antibioticum aan een kind wordt de dosering ervan altijd extra gecontroleerd. Het voorschrijven van een antibioticum aan een kind kan in de vorm van capsules, drank of druppels. In een ziekenhuis wordt antibioticum ook via een infuus toegediend.

Het berekenen van de dosering bij een kind gebeurt aan de hand van het lichaamsgewicht van het kind. Soms wordt het lichaamsgewicht op het recept vermeld. Gebeurt dit en is het kind in de apotheek aanwezig, dan wordt het kind alsnog gewogen. Staat het niet op het recept en is het kind niet aanwezig, dan wordt er door de apothekersassistent gevraagd naar het gewicht van het kind. Hierbij kan zij eventueel gebruikmaken van de schalen in het Kinderformularium (onder 'Instructies' → Denekampschaal).

Voorbeeld 5
Baby Ahmed weet 3,25 kg. De dosering van een antibioticum is 3 mg/kg. Dit betekent 3 mg per kilogram lichaamsgewicht. Hoeveel milligram antibioticum krijgt baby Ahmed?

Aanpak:
Ahmed krijgt (3 × 3,25 = 9,75 mg) 9,75 mg antibioticum.

Voorbeeld 6
De dosering van een antibioticum bedraagt 15 mg/kg in 3 doses. Phu weegt 25 kilo. Hoeveel milligram antibioticum krijgt Phu per keer en hoeveel antibioticum krijgt Phu per dag?

Aanpak:
15 mg/kg lichaamsgewicht in 3 doses betekent dat de hoeveelheid over 3 toedieningen wordt verdeeld. In dit geval:

15 mg × 25 = 375 mg antibioticum per dag; per keer is dit dan 125 mg (375 mg : 3).

Voorbeeld 7

De normdosering van amoxicilline bij de ziekte van Lyme bij kinderen jonger dan 12 jaar is 40 mg/kg lichaamsgewicht per dag in 3 doses gedurende 14 dagen.

Bob krijgt in verband met de ziekte van Lyme een amoxicillinekuur voorgeschreven. Hij is jonger dan 12 jaar en weegt 11,25 kg.

De apotheek heeft 250 mg/5 ml, 100 ml amoxicillinesuspensie op voorraad.

Hoeveel milliliter suspensie krijgt Bob per keer en hoeveel milliliter suspensie krijgt hij per dag?

Bob krijgt de volledige kuur van 14 dagen voorgeschreven. Hoeveel flacons van 250 mg/5 ml 100 ml worden er afgeleverd?

Aanpak:
Bob weegt 11,25 kg. De dagdosering is 40 mg × 11,25 = 450 mg amoxicilline. Per keer krijgt Bob 150 mg amoxicilline (450 mg per dag in 3 doses betekent 450 mg : 3 = 150 mg per keer).

Amoxicillinesuspensie bevat 250 mg amoxicilline in 5 ml suspensie. Teruggerekend naar 1 ml is dit 50 mg per ml (250 mg : 5 ml).

- Per keer krijgt Bob 150 mg; dit komt overeen met 3 ml (150 mg : 50 mg × 1 ml).
- Per dag krijgt Bob 450 mg; dit komt overeen met 9 ml (450 mg : 50 mg × 1 ml).
- Bob krijgt deze kuur 14 dagen voorgeschreven. Het totaal aantal milliliters dat hij moet innemen is dan 126 ml (9 ml × 14 dagen). In totaal worden er 2 flessen suspensie afgeleverd.

▪ Opgaven

23. Een pasgeboren baby krijgt 2,5 mg antibioticum per kg lichaamsgewicht. De baby weegt 3.800 gram. Hoeveel mg antibioticum krijgt de baby per dag?
24. Een pasgeboren baby krijgt 25 mg antibioticum per kg lichaamsgewicht. De baby weegt 4,1 kg. Hoeveel gram antibioticum krijgt de baby per dag?
25. Een pasgeboren baby krijgt 15 mg antibioticum per kg lichaamsgewicht. De baby weegt 4.300 gram. Hoeveel milligram antibioticum krijgt de baby per dag?
26. Jacob krijgt een antibioticumkuur voorgeschreven. Jacob weegt 50 kg. De dosering van dit antibioticum luidt: 30 mg/kg in 3 doses. Hoeveel antibioticum krijgt Jacob per keer en hoeveel per dag?
27. Liridona krijgt een kuurtje antibioticum voorgeschreven. Liridona weegt 53,4 kg. De dosering van dit antibioticum luidt: 45 mg/kg in 4 doses. Hoeveel antibioticum krijgt Liridona per keer en hoeveel per dag?
28. Pieter krijgt antibioticacapsules voorgeschreven. Hij weegt 62.500 gram. De dosering van dit antibioticum luidt: ongeveer 18 mg/kg in 3 doses gedurende 7 dagen. Er bestaan capsules van 250 mg, 375 mg en 500 mg. Welke komen het dichtst bij deze dosering en hoeveel capsules lever je af?
29. Karlijn krijgt antibioticacapsules voorgeschreven. Zij weegt 39 kg. De dosering van dit antibioticum luidt: 40 mg/kg in 3 doses gedurende 10 dagen. Hoeveel mg antibioticum krijgt Karlijn per keer? Er bestaan capsules van 250 mg, 375 mg en 500 mg. Welke komen het dichtst bij deze dosering en hoeveel capsules lever je af?

30. Tjerk krijgt antibioticacapsules voorgeschreven. Hij weegt 25.000 gram. De dosering van dit antibioticum luidt: 43 mg/kg in 3 doses gedurende 7 dagen. Hoeveel mg antibioticum krijgt Tjerk per keer? Er bestaan capsules van 250 mg, 375 mg en 500 mg. Welke komen het dichtst bij deze dosering en hoeveel capsules lever je af?

8.4 Doseringen op basis van lichaamsoppervlakte

- Keuzedeel *Farmaceutische patiëntenzorg* of *Transmurale zorg*

Voor de dosering van bepaalde geneesmiddelen en voor een goed therapeutisch effect van bepaalde geneesmiddelen, is het belangrijk de lichaamsoppervlakte (m^2) te weten. Dit geldt bij geneesmiddelen met een geringe therapeutische breedte, denk hierbij aan orale oncolytica (cytostatica). Hier wordt in verband met de grote nauwkeurigheid dan ook altijd in dosis per lichaamsoppervlakte uitgegaan. Bij jonge kinderen is de lichaamsoppervlakte relatief groter dan het gewicht. Naarmate het kind ouder wordt, zal de verhouding lichaamsoppervlakte ten opzichte van het lichaamsgewicht gemiddeld kleiner worden. Het berekenen van de lichaamsoppervlakte laten we hier buiten beschouwing. Op de KNMP Kennisbank staan formules om de lichaamsoppervlakte te berekenen. In de volgende opgaven wordt de lichaamsoppervlakte steeds vermeld.

Voorbeeld 8

De normdosering van capecitabine is gebaseerd op de grootte van de lichaamsoppervlakte. Dit wordt berekend aan de hand van de lengte en het gewicht. De gebruikelijke dosering voor volwassenen is 1.250 mg/m^2 lichaamsoppervlakte tweemaal daags ('s morgens en 's avonds). In de handel zijn tabletten van 500, 300 en 150 mg.

Mevrouw De Jongh met een gewicht van 64 kg en een lengte van 1,64 m heeft een lichaamsoppervlakte van 1,7 m^2. Welke tabletsterkte(n) neemt zij per keer in en hoeveel?

Aanpak:
1.250 mg × 1,7 = 2.125 mg tweemaal daags. Mevrouw De Jongh dient tweemaal daags 4 tabletten van 500 mg en 1 tablet van 150 mg in te nemen.

- Opgaven

31. De normdosering van capecitabine voor volwassenen is 1.250 mg/m^2 lichaamsoppervlakte tweemaal daags ('s morgens en 's avonds). In de handel zijn tabletten van 500, 300 en 150 mg. Welke tabletsterkte(n) wordt er per keer ingenomen en hoeveel bij:
    a. een persoon met een lichaamsoppervlakte van 2,00 m^2?
    b. een persoon met een lichaamsoppervlakte van 1,598 m^2?
    c. een persoon met een lichaamsoppervlakte van 1,833 m^2?
    d. een persoon met een lichaamsoppervlakte van 2,302 m^2?

32. De normdosering van capecitabine voor volwassenen is 1.250 mg/m² lichaamsoppervlakte tweemaal daags ('s morgens en 's avonds). In de handel zijn tabletten van 500, 300 en 150 mg. Levert de assistent het juiste aantal en de juiste sterkte per keer bij het gegeven lichaamsoppervlakte?
    a. Bij een lichaamsoppervlakte van 1,738 m² wordt per keer 4 tabletten van 500 mg en 1 tablet van 150 mg afgeleverd.
    b. Bij een lichaamsoppervlakte van 1,988 m² wordt per keer 5 tabletten van 500 mg afgeleverd.
    c. Bij een lichaamsoppervlakte van 2,241 m² wordt per keer 4 tabletten van 500 mg en 1 tablet van 300 mg afgeleverd.
    d. Bij een lichaamsoppervlakte van 1,698 m² wordt per keer 4 tabletten van 300 mg en 1 tablet van 150 mg afgeleverd.
33. Gegeven de normdosering van etoposide:
    Oraal: 100 tot 200 mg/m² lichaamsoppervlakte/dag gedurende 5 opeenvolgende dagen óf 200 mg/m²/dag op dag 1, 3 en 5 elke 3 tot 4 weken. Alternatief schema: 50 mg/m²/dag gedurende 2–3 weken gevolgd door 1 week rust. Een dagelijkse dosis van > 200 mg moet verdeeld worden in 2 giften. In de handel zijn capsules van 50 mg en capsules van 100 mg.
    Welke sterkte capsules worden afgeleverd en hoeveel giften bij een lichaamsoppervlakte van:
    a. bij een alternatief schema met een lichaamsoppervlakte van 1,921?
    b. bij een schema van 5 dagen van 100 mg/m² en met een lichaamsoppervlakte van 2,561?
    c. bij een schema van elke 3 tot 4 weken en met een lichaamsoppervlakte van 2,00?
    d. bij een schema van 5 dagen van 150 mg/m² en met een lichaamsoppervlakte van 1,698?
    e. bij een alternatief schema met een m² van 1,898?
    f. bij een schema van elke 3 tot 4 weken en met een lichaamsoppervlakte van 1,738?
34. CellCept wordt voorgeschreven om te voorkomen dat het lichaam een getransplanteerd orgaan afstoot. Van CellCept bestaat een poeder voor suspensie voor oraal gebruik met een sterkte van 1 g/5 ml. Bij een niertransplantatie geldt voor kinderen tot 18 jaar de volgende aanbevolen dosering: tweemaal daags 600 mg per m² lichaamsoppervlakte. Bereken het aantal ml dat per keer moeten wordt toegediend bij:
    a. een kind met een lichaamsoppervlakte van 0,090 m²
    b. een kind met een lichaamsoppervlakte van 0,324 m²
    c. een kind met een lichaamsoppervlakte van 0,235 m²
    d. een kind met een lichaamsoppervlakte van 0,103 m²

Geldzaken

Samenvatting

In dit hoofdstuk behandelen we de geldzaken. Vragen als: hoe zit het met de btw en hoeveel geld moet je teruggeven als er contant betaald wordt, komen aan de orde. Verder kijken we nog naar een aantal kostenberekeningen.

9.1 Btw – 102

9.2 Geld teruggeven – 103

9.3 Kostenberekeningen – 104
9.3.1 Laagsteprijsgarantie (LPG) – 104
9.3.2 Inkoop, verkoop, winst – 106
9.3.3 Constante kosten en variabele kosten – 109

© Bohn Stafleu van Loghum, onderdeel van Springer Media B.V. 2018
D. van Hulst, *Farmaceutisch rekenen*, Basiswerk AG,
https://doi.org/10.1007/978-90-368-2019-6_9

In dit hoofdstuk behandelen we de geldzaken. Vragen als: hoe zit het met de btw en hoeveel geld moet je teruggeven als er contant betaald wordt, komen aan de orde. Verder kijken we nog naar een aantal kostenberekeningen.

9.1 Btw

Btw is de afkorting van 'belasting toegevoegde waarde'. Dat wil zeggen dat er over het verschil tussen inkoop- en verkoopprijs (de toegevoegde waarde) belasting moet worden betaald. Voor de meeste goederen is de btw 21 %, maar voor eerste levensbehoeften zoals brood, melk en genees- en hulpmiddelen en dergelijke is het 6 %.

Sommige bedrijven vermelden de prijs van artikelen exclusief btw en daardoor *lijken* ze goedkoper. Maar je moet de btw er dan nog bij optellen en betalen. Het overgrote deel van de prijzen worden inclusief btw aangegeven. Dit betekent dat de btw al in de prijs is verwerkt.

Voorbeeld 1

Een winkelier koopt een breedbeeld-tv in voor € 2.400,– exclusief btw.

Bereken de inkoopprijs inclusief btw. De btw is 21 %.

Aanpak:
De oorspronkelijke prijs is € 2.400,–. Dus 100 % = € 2.400,–.

De inkoopprijs inclusief btw is 100 + 21 % = 121 % van € 2.400,–.

Dat wil dus zeggen: $\frac{121}{100}$ × € 2.400 = € 2.904,–.

Je ziet dat hier is vermenigvuldigd met de breuk $\frac{121}{100}$. Je kon natuurlijk net zo goed vermenigvuldigen met de *uitkomst* van die breuk: 1,21.

Voorbeeld 2

Je koopt een bankstel voor € 1.398,– incl. btw.

Wat is de kostprijs excl. btw (21 %)?

Aanpak:
De oorspronkelijke prijs is 100 %. De prijs inclusief btw is 121 %.

De kostprijs exclusief btw is dus: $\frac{100}{121}$ × € 1.398,– = € 1.155,37.

Ook nu geldt: wanneer je een bedrag met 100 vermenigvuldigt en het daarna deelt door 121, kun je het hele bedrag ook meteen al delen door 1,21.
Dus: € 1.398,– : 1,21 = € 1.155,37.

Voorbeeld 3

Een productenpakket kost € 89,98 euro inclusief 21 % btw. Wat is de prijs exclusief btw?

Aanpak:

89,98 = 121 %

100 % = 100 : 121 × 89,98 = 74,36

Exclusief btw kost dit pakket € 74,36.

9.2 Geld teruggeven

- Opgaven

1. In de apotheek zit niet veel kleingeld in de kassa; om die reden vragen de assistentes de klanten zo veel mogelijk met gepast geld te betalen. Hoe los je dit op bij de volgende bedragen:
    a. € 15,60 en de cliënt betaalt met een briefje van € 20
    b. € 4,05 en de cliënt betaalt met een briefje van € 5
    c. € 53,65 en de cliënt betaalt met een briefje van € 50 en een briefje van € 20
    d. € 37,50 en de cliënt betaalt met twee briefjes van € 20
    e. € 164,95 en de cliënt betaalt met een briefje van € 100, een briefje van € 50 en een briefje van € 20

2. Er wordt voor € 84,05 aan Vichy-producten verkocht. De mevrouw betaalt met een briefje van € 100 en drie muntstukken van € 1, één van € 0,50, twee van € 0,20, één van € 0,10 en één van € 0,05. Hoeveel krijgt zij terug?
    a. € 19,00
    b. € 24,05
    c. € 15,95
    d. € 20,00

3. Er wordt voor € 57,55 aan Vichy-producten verkocht. De mevrouw betaalt met 6 briefjes van € 10 en 2 muntstukken van € 1, één van € 0,50 en één van € 0,05. Hoeveel krijgt zij terug?
    a. € 2,45
    b. € 5,–
    c. € 4,–
    d. € 7,5

4. Er wordt voor € 57,55 aan Vichy-producten verkocht. Mevrouw Bontebal betaalt met een briefje van € 50, een briefje van € 20, een briefje van € 5, twee muntstukken van € 1, één van € 0,50 en één van € 0,05. Hoeveel geld krijgt zij terug?
    a. € 17,45
    b. € 20,–
    c. € 19,–
    d. € 22,55

5. Er wordt voor € 39,04 aan Vichy-producten verkocht. Mevrouw Derksen betaalt met een briefje van € 20, een briefje van € 10 en twee briefjes van € 5. Hoeveel krijgt zij terug?
   a. € 1,95
   b. € 2,–
   c. € 0,95
   d. € 1,–
6. Gegeven de volgende biljetten en munten: 1 biljet van € 10, 1 biljet van € 5, een munt van € 1, een munt van 50, 20, 10 en 5 cent. Welke van de volgende vier bedragen kun je hiermee gepast betalen?
   a. € 6,55
   b. € 3,05
   c. € 2,30
   d. € 17,90
7. Welke van de volgende vier bedragen kun je hiermee *niet gepast* betalen? Er kan meer dan één antwoord goed zijn.
   a. € 11,70
   b. € 11,20
   c. € 3,95
   d. € 22,25
8. Welke van de volgende vier bedragen kun je hiermee *niet gepast* betalen? Er kan meer dan één antwoord goed zijn.
   a. € 6,90
   b. € 6,40
   c. € 16,30
   d. € 19,50

9.3 Kostenberekeningen

9.3.1 Laagsteprijsgarantie (LPG)

De apotheker heeft te maken met de kosten voor het inkopen van geneesmiddelen. Generieke geneesmiddelen (merkloze middelen) worden door verschillende fabrikanten gemaakt (bijv. Sandoz, Teva, Aurobindo). Die fabrikanten hebben elk hun eigen verkoopprijs en daarmee een andere inkoopprijs voor de apotheker. Nu vergoeden veel zorgverzekeraars alleen de laagste prijs van het generieke product. Wil de patiënt toch een ander generiek middel hebben of het merkmiddel, dan kost het de apotheek geld.

9.3 · Kostenberekeningen

Voorbeeld 4
De zorgverzekeraar vergoedt alleen de laagste prijs van een generiek middel. De volgende inkoopprijzen gelden voor een verpakking simvastatine 40 mg:
- Sandoz: € 1,95 (30 stuks)
- Aurobindo: € 1,00 (90 stuks)
- TEVA: € 3,95 (90 stuks)
- Jubilant: € 0,72 (30 stuks)

Welk product dient de apotheek af te leveren?

Aanpak:
Reken eerst uit wat alle merken vragen voor 30 stuks:
- Sandoz: simvastatine 40 mg, 30 stuks: € 1,95
- Aurobindo: simvastatine 40 mg, 30 stuks: € 0,33
- TEVA: simvastatine 40 mg, 30 stuks: € 1,32
- Jubilant: simvastatine 40 mg, 30 stuks: € 0,72

Aurobindo is de goedkoopste, dus de apotheek levert dit merk af.

Extra vraag:
Patiënt wil per se simvastatine van Sandoz (€ 1,95 per 30 stuks). Hoeveel geld moet de apotheek per jaar aan de zorgverzekeraar terugbetalen als dit product wordt afgeleverd (12 doosjes per jaar).

Aanpak:
- 12 doosjes (12 × 30 = 360 tabletten) van Sandoz komt overeen met 4 doosjes (4 × 90 = 360) van Aurobindo.
- De kosten van Sandoz zijn € 23,40, de kosten van Aurobindo € 4,00.
- De apotheek betaalt dus € 19,40 per jaar terug.

Omdat de prijzen van geneesmiddelen steeds wijzigen worden de fabrikanten in de volgende opgaven A, B, C en D genoemd.

Opgaven

9. Fabrikant A levert een geneesmiddel van 30 stuks voor € 0,75; fabrikant B levert 90 stuks van € 2,25; fabrikant C levert 45 stuks voor € 2,65; fabrikant D levert 60 stuks voor € 1,25.
   a. Bij welke fabrikant koopt de apotheek het geneesmiddel in?
   b. De patiënt wil per se het middel van fabrikant A. Hoeveel geld moet de apotheek per jaar aan de zorgverzekeraar terugbetalen als dit product wordt afgeleverd (8 doosjes per jaar)?
10. Fabrikant A levert een geneesmiddel van 15 stuks voor € 0,95; fabrikant B 90 stuks voor € 2,75; fabrikant C 45 stuks voor € 3,45; fabrikant D 60 stuks voor € 1,50.
    a. Bij welke fabrikant koopt de apotheek het geneesmiddel in?
    b. De patiënt wil per se het middel van fabrikant B. Hoeveel geld moet de apotheek per jaar aan de zorgverzekeraar terugbetalen als dit product wordt afgeleverd (8 doosjes per jaar)?

11. Fabrikant A levert een geneesmiddel van 30 stuks voor € 2,50; fabrikant B 90 stuks voor € 7,00; fabrikant C 45 stuks voor € 3,65; fabrikant D 60 stuks voor € 4,95.
    a. Bij welke fabrikant koopt de apotheek het geneesmiddel in?
    b. De patiënt wil per se het middel van fabrikant D. Hoeveel geld moet de apotheek per jaar aan de zorgverzekeraar terugbetalen als dit product wordt afgeleverd (14 doosjes per jaar)?
12. Fabrikant A levert een geneesmiddel van 30 stuks voor € 25,–; fabrikant B 15 voor € 12,25; fabrikant C 45 € 55,–; fabrikant D 60 stuks voor € 45,50.
    a. Bij welke fabrikant koopt de apotheek het geneesmiddel in?
    b. De patiënt wil per se het middel van fabrikant A. Hoeveel geld moet de apotheek per jaar aan de zorgverzekeraar terugbetalen als dit product wordt afgeleverd (12 doosjes per jaar)?
13. Fabrikant A levert een geneesmiddel van 30 stuks voor € 0,60; fabrikant B 90 stuks voor € 1,85; fabrikant C 45 stuks voor € 0,65; fabrikant D 15 stuks voor € 0,45.
    a. Bij welke fabrikant koopt de apotheek het geneesmiddel in?
    b. De patiënt wil per se het middel van fabrikant B. Hoeveel geld moet de apotheek per jaar aan de zorgverzekeraar terugbetalen als dit product wordt afgeleverd (15 doosjes per jaar)?
14. Fabrikant A levert een geneesmiddel van 30 stuks voor € 1,25; fabrikant B 50 voor € 3,75; fabrikant C 60 voor € 4,25; fabrikant D 60 stuks voor € 4,65.
    a. Bij welke fabrikant koopt de apotheek het geneesmiddel in?
    b. De patiënt wil per se het middel van fabrikant C. Hoeveel geld moet de apotheek per jaar aan de zorgverzekeraar terugbetalen als dit product wordt afgeleverd (16 doosjes per jaar)?

9.3.2 Inkoop, verkoop, winst

> **Definitie**
>
> inkoopprijs − verkoopprijs = winstmarge

De inkoopprijs is de prijs die je moet betalen als je een product inkoopt. De verkoopprijs is de prijs waarvoor je het product verkoopt. De winstmarge is het percentage van de omzet (aantal producten dat je hebt verkocht) dat daadwerkelijk overblijft. Om dit te kunnen uitrekenen bestaat er een aantal formules.

Verkoopprijs berekenen

> **Definitie**
>
> verkoopprijs = inkoopprijs : (1 − winstmarge)

Voorbeeld 5

Je hebt in totaal voor € 500,- aan producten ingekocht en hebt hierop 30% winst gemaakt. Wat is de totale verkoopprijs?

Aanpak:
500,- : (1 − 30%) = 500,- : 0,70 = € 714,29 (**NB:** 1 − 30% = 1 − 0,30 = 0,70)

Inkoopprijs berekenen

> **Definitie**
>
> Inkoopprijs = verkoopprijs × (1 − winstmarge)

Voorbeeld 6

Je hebt in totaal voor € 800,- aan producten verkocht en hebt hierop 30% winst gemaakt. Wat is de totale inkoopprijs?

Aanpak:
800,- × (1 − 30%) = 800,- × 0,70 = € 560,-

Winstmarge berekenen

> **Definitie**
>
> winstmarge = (verkoopprijs − inkoopprijs) : verkoopprijs × 100%

Voorbeeld 7

Je hebt voor € 400,- verkocht aan producten die je voor € 300,- had ingekocht. Bereken de winstmarge.

Aanpak:
(400,- − 300,-) : 400,- × 100% = 25%

Het begrip winstmarge verdient nog wat extra uitleg. Een winstmarge (percentage) berekenen we over de verkoopprijs omdat kortingen ook altijd worden gegeven op de verkoopprijs. Door beide op basis van de verkoopprijs te doen, is het makkelijk te berekenen wat er aan winstmarge overblijft als er korting wordt gegeven. Is de winstmarge bijvoorbeeld 30% en je geeft bij een grote afname nog eens 25% korting, dan heb je nog steeds winst (30 − 25% = 5% winst ten opzichte van de oorspronkelijke verkoopprijs.)

- **Opgaven**

15. Je koopt een aantal producten voor een prijs van € 50,50 (incl. btw) en de winstmarge is 15% (incl. btw). Wat is de verkoopprijs van de producten?
16. Je koopt een aantal producten voor een prijs van € 35,- (incl. btw) en de winstmarge is 65% (incl. btw). Wat is de verkoopprijs van de producten?
17. Je koopt een aantal producten voor een prijs van € 106,90 (incl. btw) en de winstmarge is 3% (incl. btw). Wat is de verkoopprijs van de producten?
18. Je koopt een aantal producten voor een prijs van € 20,50 (incl. btw) en de winstmarge is 30% (incl. btw). Wat is de verkoopprijs van de producten?
19. Je verkoopt een aantal producten voor een prijs van € 150,50 (incl. btw) en de winstmarge is 25% (incl. btw). Wat is de inkoopprijs van de producten?
20. Je verkoopt een aantal producten voor een prijs van € 50,- (incl. btw) en de winstmarge is 70% (incl. btw). Wat is de inkoopprijs van de producten?
21. Je verkoopt een aantal producten voor een prijs van € 75,35 (incl. btw) en de winstmarge is 5% (incl. btw). Wat is de inkoopprijs van de producten?
22. Je verkoopt een aantal producten voor een prijs van € 2.050,- (incl. btw) en de winstmarge is 15% (incl. btw). Wat is de inkoopprijs van de producten?
23. Je hebt voor € 550,- verkocht aan producten die je voor € 400,- had ingekocht. Bereken het winstpercentage.
24. Je hebt voor € 2.550,- verkocht aan producten die je voor € 2.100,- had ingekocht. Bereken het winstpercentage.
25. Je hebt voor € 35,50 verkocht aan producten die je voor € 22,- had ingekocht. Bereken het winstpercentage.
26. Je hebt voor € 85,- verkocht aan producten die je voor € 83,- had ingekocht. Bereken het winstpercentage.
27. Een vertegenwoordiger komt langs en biedt een display aan met 20 zonnebrandcrèmes. Deze gaan nu voor de aanbiedingsprijs van € 9,95 (incl. btw) in de verkoop. De inkoopprijs voor de apotheek is € 7,50 (incl. btw).
    a. Hoeveel winst maakt de apotheek op deze display en wat is het winstpercentage?
    b. De normale prijs is € 11,95, wat zou dan de winst zijn en wat is het winstpercentage?
28. Een vertegenwoordiger komt langs en biedt een display aan met 15 nachtcrèmes. Deze gaan nu voor de aanbiedingsprijs van € 14,95 (incl. btw) in de verkoop. De inkoopprijs voor de apotheek is € 12,50 (incl. btw).
    a. Hoeveel winst maakt de apotheek op deze display en wat is het winstpercentage?
    b. De normale prijs is € 19,95, wat zou dan de winst zijn en wat is het winstpercentage?
29. Een vertegenwoordiger komt langs en biedt een display aan met 25 flacons bodylotions. Deze gaan nu voor de aanbiedingsprijs van € 10,95 (incl. btw) in de verkoop. De inkoopprijs voor de apotheek is € 8,25 (incl. btw).
    a. Hoeveel winst maakt de apotheek op deze display en wat is het winstpercentage?
    b. De normale prijs is € 12,95, wat zou dan de winst zijn en wat is het winstpercentage?

30. Een vertegenwoordiger komt langs en biedt een display aan met 10 dagcrèmes. Deze gaan nu voor de aanbiedingsprijs van € 30,– (incl. btw) in de verkoop. De inkoopprijs voor de apotheek is € 27,50 (incl. btw).
    a. Hoeveel winst maakt de apotheek op deze display en wat is het winstpercentage?
    b. De normale prijs is € 33,50, wat zou dan de winst zijn en wat is het winstpercentage?

9.3.3 Constante kosten en variabele kosten

In de apotheek kun je kosten in constante en variabele indelen.
- Variabele kosten zijn afhankelijk van de omzet. Naarmate de omzet van een apotheek stijgt, kunnen de variabele kosten evenredig stijgen. Het zijn kosten die *afhankelijk* zijn van de omzet. Variabele kosten zijn bijvoorbeeld bonussen, grondstofkosten, transportkosten, verpakkingsmateriaal enzovoort.
- Constante kosten zijn, binnen bepaalde grenzen, onafhankelijk van de omzet. Ze zijn daarentegen wel afhankelijk van de grootte van de apotheek. Het zijn kosten die *onafhankelijk* zijn van de omzet. Constante kosten zijn bijvoorbeeld energiekosten, huur, personeelskosten, afschrijving enzovoort.

Een apotheker wil vooraf graag weten hoeveel producten hij moet verkopen en hoeveel omzet hij moet behalen om geen winst en geen verlies te maken. Hij heeft vooraf een doelstelling in aantallen product en euro's. Zodra hij deze doelstelling haalt, weet hij dat hij in elk geval geen verlies maakt, maar ook geen winst. Hij kan met behulp van een *break-evenanalyse* berekenen bij welke afzet hij alle kosten terugverdient en hoeveel de omzet mag dalen voordat hij verlies maakt.

Je kunt die *break-even* met de volgende formules berekenen:

$$\text{Break-evenafzet} = \frac{\text{Constante kosten}}{\text{Verkoopprijs} - \text{Inkoopprijs}}$$

$$\text{Break-evenomzet} = \text{Break-evenafzet} \times \text{verkoopprijs}$$

Voorbeeld 8

Een apotheker zet een tray met zonnebrandcrème op de balie. De verkoopprijs bedraagt € 17,50 per flacon. Inkoopprijs bedraagt € 12,25 per flacon.

De *constante* kosten om een tray op de balie te zetten bedragen € 94,50 in totaal.

Hoeveel flacons moet de apotheker verkopen om geen verlies te maken aan de hand van de break-even?

Aanpak:

$$\text{Break-evenafzet} = \frac{\text{Constante kosten}}{\text{Verkoopprijs} - \text{Inkoopprijs}} = \frac{€\,94{,}50}{€\,17{,}50 - €\,12{,}25} = 18\,\text{flacons}$$

De break-evenafzet is 18 flacons zonnebrandcrème.

De break-evenomzet bedraagt 18 × € 17,50 = € 315,00.

- **Opgaven**
31. Apotheek De Gaper verkoopt 12.000 doosjes paracetamol 500 mg à 50 stuks. De consumentenprijs is € 3,21 en de inkoopprijs is € 2,25. De constante kosten die de paracetamol kunnen worden toegerekend, bedragen € 11.000,–. Bereken de break-evenafzet en -omzet. Draait de apotheek verlies?
32. In een apotheek wordt een nachtcrème met een verkoopprijs van € 25,– verkocht. De inkoopprijs van deze crème is € 12,50. De geschatte constante kosten die aan dit artikel kunnen worden toegerekend, bedragen € 5.500,–.
    a. Hoeveel potten nachtcrème moeten worden verkocht om de constante kosten à € 5.500,– terug te verdienen?
    b. Bereken de break-evenomzet van deze nachtcrème.
33. Een apotheek verkoopt 350 zakjes drop per jaar. De verkoopprijs van een zakje drop is € 1,50. De inkoopprijs van een zakje drop is € 0,70. De constante kosten die aan de zakjes drop kunnen worden toegerekend, bedragen € 264,–. Bereken de break-evenafzet en break-evenomzet. Maakt de apotheek verlies?
34. Een apotheek heeft zich gespecialiseerd in de verkoop van een bepaalde productlijn. De gemiddelde consumentenprijs van een product bedraagt € 14,52. De constante kosten worden op € 15.450,– geschat. De gemiddelde inkoopprijs van 12 artikelen is € 80,40.
    a. Hoeveel producten moeten worden verkocht om de geschatte constante kosten terug te verdienen?
    b. Bereken de break-evenomzet.
35. De verkoopprijs van een artikel is € 1,50 en de inkoopprijs is € 0,82. De constante kosten bedragen € 960,16. Bereken de break-evenafzet en de break-evenomzet.
36. De verkoopprijs van een artikel is € 2,83 en de inkoopprijs is € 1,18. De constante kosten bedragen € 1.603,80. Bereken de break-evenafzet en de break-evenomzet.
37. De verkoopprijs van een artikel is € 5,10 en de inkoopprijs is € 3,78. De constante kosten bedragen € 615,12. Bereken de break-evenafzet en de break-evenomzet.
38. De verkoopprijs van een artikel is € 15,80 en de inkoopprijs is € 10,27. De constante kosten bedragen € 442,40. Bereken de break-evenafzet en de break-evenomzet.
39. Een apotheker zet een tray met diverse verzorgingsproducten op de balie. De verkoopprijs bedraagt € 15,50 per flacon (excl. 21 % btw). Inkoopprijs bedraagt € 12,25 per flacon. De constante kosten om een tray op de balie te zetten bedragen € 175,– in totaal.
    a. Er worden 20 flacons verzorgingsproducten verkocht. Hoeveel verzorgingsproducten moet de apotheker verkopen om geen verlies te maken aan de hand van de break-evenafzet en -omzet.
    b. Kan hij hieraan voldoen?

9.3 · Kostenberekeningen

40. Een apotheker zet een tray met diverse producten op de balie. De gemiddelde verkoopprijs bedraagt € 9,50 (excl. 21 % btw). De gemiddelde inkoopprijs bedraagt € 8,95 (incl. 21 % btw) per product. De constante kosten om een tray op de balie te zetten bedragen € 73,- in totaal. Er worden 40 producten verkocht. Hoeveel producten moet de apotheker verkopen om geen verlies te maken aan de hand van de break-evenafzet en -omzet? Kan hij hieraan voldoen?

41. Een apotheker verkoopt diverse middelen tegen buikpijn. De gemiddelde verkoopprijs bedraagt € 4,95. De gemiddelde inkoopprijs bedraagt € 4,05. De constante kosten bedragen € 9.000,- in totaal. Er worden 9.850 producten verkocht.
    a. Hoeveel producten moet de apotheker verkopen om geen verlies te maken aan de hand van de break-evenafzet en -omzet.
    b. Kan hij hieraan voldoen?

42. Een stereoset kost € 1.850,- excl. 21 % btw. Hoeveel kost dit artikel inclusief btw (= 21 %)?

43. Een artikel kost € 705,- incl. btw.
    a. De btw is 21 %. Bereken de prijs exclusief btw.
    b. Bereken de prijs inclusief btw als de btw 6 % bedraagt.

44. De diensten rond de btw-tarieven blijven schommelen. De overheid wil het tarief van fietsenmakers en kappers van 6 % naar 21 % verhogen. Stel, op 1 september 2016 betaal je bij een kapper € 27,-. Wat kost dan dezelfde knipbeurt indien het btw-tarief wijzigt naar 21 %?

45. Een artikel kostte in juni 2013 € 199,- inclusief 19 % btw. Wat kost datzelfde artikel als het btw-tarief gestegen is naar 21 %?

46. Een mp3-speler kost € 79,95 incl. 21 % btw. Bereken hoeveel btw je betaalt.

47. Je moet 21 % btw toeslag betalen op een verzorgingspakket van € 130,85. Hoeveel moet je in totaal betalen?

48. Een exclusieve zonnebrandcrème kost 95,50 euro exclusief 21 % btw. Welk bedrag aan btw komt er nog bij?

49. Een dagcrème van Vichy kost € 34,95 exclusief 21 % btw. Welk bedrag moet je in totaal betalen?

50. Een nachtcrème kost € 65,35 exclusief 21 % btw. Welk bedrag moet je in totaal betalen?

51. Een verzorgingspakket van € 86,50 is inclusief btw. Wat is de prijs exclusief btw?

52. Een exclusieve zonnebrandcrème kost € 55,00 inclusief 21 % btw. Wat is de prijs exclusief btw?

53. Een zonnebrandcrème kost € 25,75 inclusief 21 % btw. Wat is de prijs exclusief btw?

54. Een oogcrème kost € 9,95 exclusief inclusief 21 % btw. Wat is de prijs exclusief btw?

55. Een nachtcrème kost € 44,60 inclusief 21 % btw. Wat is de prijs exclusief btw?

Leer je rekenmachine kennen

Samenvatting

We gaan ervan uit dat je de afgelopen jaren regelmatig gewerkt hebt met de standaard rekenmachines, zoals die op een mobiele telefoon. In dit hoofdstuk leer je werken met minder vaak voorkomende bewerkingen zoals machten, exponenten en breuken.

10.1 De wetenschappelijke rekenmachine – 114

© Bohn Stafleu van Loghum, onderdeel van Springer Media B.V. 2018
D. van Hulst, *Farmaceutisch rekenen*, Basiswerk AG,
https://doi.org/10.1007/978-90-368-2019-6_10

We gaan ervan uit dat je de afgelopen jaren regelmatig gewerkt hebt met de standaard rekenmachines, zoals die op een mobiele telefoon. In dit hoofdstuk leer je werken met minder vaak voorkomende bewerkingen zoals machten, exponenten en breuken (◻fig. 10.1).

10.1 De wetenschappelijke rekenmachine

Wetenschappelijke rekenmachines verschillen van gewone rekenmachines doordat ze allerlei extra functies hebben. Je herkent ze aan functieknoppen met de volgende opschriften: *sin* (sinus), *cos* (cosinus), *tan* (tangens), *ee* of *exp* (exponenten), x^2, $\sqrt{}$ en dergelijke. We bespreken hier alleen de functieknoppen die in de apotheek interessant zijn.

Vanaf dit hoofdstuk gaan we ervan uit dat je de berekeningen in de opgaven op een wetenschappelijke rekenmachine maakt.

- De functie x^2

Na het intoetsen van een getal en deze knop krijg je het kwadraat van dat getal.

- De functie y^x

Deze knop lijkt op de voorgaande, maar hiermee kun je elke macht krijgen die je wilt hebben.
Let op:
- Op sommige rekenmachines is deze toets alleen te bereiken via de shifttoets.
- Op sommige rekenmachines heet deze knop x^y.
- Op sommige rekenmachines heeft de knop ^ deze functie.

Voorbeeld 1
Wat is de uitkomst van de volgende berekening?

$1,03 \times 1,03 \times 1,03 \times 1,03 =$

Aanpak:
Anders geschreven staat hier: $1,03^4$.

Je tikt dat in als: '1,03''y^x''4''='1,125.

Voorbeeld 2
Bacteriën kunnen zichzelf elke twintig minuten delen als de omstandigheden gunstig zijn. Als je start met één bacterie, heb je er na twintig minuten dus twee en na veertig minuten vier. Dat gaat verder volgens het volgende schema:

tijd (in minuten)	0	20	40	60	80	100	120	140	160	180
aantal delingen	0	1	2	3	4	5	6	7	8	9
aantal bacteriën	1	2	4	8	16	32	64	128	256	512
aantal bacteriën	2^0	2^1	2^2	2^3	2^4	2^5	2^6	2^7	2^8	2^9

10.1 · De wetenschappelijke rekenmachine

■ **Figuur 10.1** Rekenmachine.

Je kunt het aantal bacteriën vinden door te kijken hoeveel delingen er geweest zijn en vervolgens te berekenen hoe groot het aantal bacteriën is.
Vraag:
Hoeveel bacteriën zijn er in gunstige omstandigheden na acht uur ontstaan?

Aanpak:
Elke twintig minuten een deling betekent drie delingen per uur. In acht uur zijn er:
$8 \times 3 = 24$ delingen geweest. Het aantal bacteriën is dan 2^{24}. Je tikt dat in als: '2"y^x"24"='

Het antwoord is: 16.777.216 bacteriën.

■ **De functie exp of ee**

Op Casio-rekenmachines vind je de knop *exp*, bij een apparaat van Texas Instruments heet deze functie *ee*. Met deze knop kun je de exponenten (machten van 10, zie ▶ par. 1.5) weergeven.

Voorbeeld 3
Reken uit:

$6 \cdot 10^{25} \times 1{,}6 \cdot 10^{-19} =$

Aanpak:
Je tikt in: '6"exp"25"×"1,6·'exp"±"19"='

Of: '6"ee"25"×"1,6"ee"−"19"='

De knop ± of − heb je nodig om de positieve exponent om te zetten in een negatieve.

In het afleesvenster komt nu het volgende te staan: 9,6 06. Dit moet je lezen als: $9{,}6 \cdot 10^6$.

Let op:
- Je mag de 10 niet intikken in je berekening! Als je de knop 'exp' gebruikt, 'weet' de machine dat het gaat om een macht van 10.
- Gebruik ook de knop 'y^x' niet; het is niet nodig en kan zelfs een bron van fouten zijn.

Voorbeeld 4
In een liter bloed zit 0,49 l erytrocyten (rode bloedcellen). Bij elkaar zijn dat er $5 \cdot 10^{12}$.

Wat is het gemiddelde volume van 1 erytrocyt (het MCV)?

Aanpak:
Je berekent dat via $\dfrac{0{,}49}{5 \cdot 10^{12}} = 9{,}8 \cdot 10^{-14}$

Dit antwoord is het resultaat van de volgende reeks op de rekenmachine intoetsen:

'0,49"÷"5"exp"12"='

- **De mode sci**

Sommige machines kun je in een zogenoemde *scientific mode* (mode sci) zetten. Dan worden alle getallen weergegeven met exponenten. Probeer dat maar eens, maar zorg er ook voor dat je weet hoe dat je die modus weer uit kunt zetten. Dit doe je als volgt:
- Druk 3 × op de knop 'mode' totdat je de rij Fix, Sci en Norm ziet.
- Druk dan op de toets 3, dan kom je bij norm.
- Druk daarna op het getal 1.

- **De functie $a^{b/c}$**

Met de functie $a^{b/c}$ kun je breuken uitrekenen. Deze knop zit trouwens niet op elke wetenschappelijke rekenmachine.

Voorbeeld 5

Reken uit: $3\frac{1}{8} \times 4\frac{1}{4} =$

Aanpak: Tik op je rekenmachine de opgave in als: '3' 'a$^{b/c}$' '1' 'a$^{b/c}$' '8' 'a$^{b/c}$' $\times$ '4' 'a$^{b/c}$' '1' 'a$^{b/c}$' '4'
'a$^{b/c}$' = '

De machine geeft als antwoord: $13\frac{9}{32}$.

- ### Geheugen

Het grootste voordeel van een rekenmachine is dat je tussentijds niet hoeft af te ronden. Dat is goed, omdat je door tussentijds afronden altijd een zekere fout in je uitkomst krijgt. Daarom is het belangrijk om alle getallen altijd zo compleet mogelijk in je rekenmachine te laten staan, bij welke berekening dan ook. Gebruik eventueel het geheugen (M van memory) en rond pas af bij de einduitkomst.

Sommige moderne machines hebben meer dan één geheugen, waar je soms wel tien verschillende getallen in kunt opbergen. Je moet natuurlijk wel zelf onthouden welk getal op welke plaats in het geheugen zit.

- ### De modus fix

Op de meeste rekenmachines kun je niet-afgeronde getallen intoetsen, waarbij de machine de getallen in het afleesvenster afrondt op een bepaald aantal decimalen. Je kunt dat aantal zelf instellen met de functie 'modus fix'. Als jij de opdracht 'mode' 'fix' '1' geeft, worden alle getallen afgerond op één decimaal.

Als je rekenmachine deze functie niet heeft, moet je zelf afronden als dat gevraagd wordt. Je hebt het dan over een rekenkundige afronding. Dat betekent dat je alles $<0,5$ afrondt naar beneden en $\geq 0,5$ naar boven.

Voorbeeld 6

$\frac{1}{3}$ betekent 1 : 3; de uitkomst is 0,3333333…

Als je moet afronden op twee cijfers achter de komma (in honderdsten), bepaalt het derde cijfer achter de komma de afronding. Als dat cijfer 0, 1, 2, 3 of 4 is, dan verandert het tweede cijfer niet. We spreken van afronding naar beneden. Als het derde cijfer 5, 6, 7, 8 of 9 is, dan rond je af naar boven.

In dit geval is de uitkomst dus 0,33 omdat het derde cijfer een 3 is.

Voorbeeld 7

$\frac{2}{3}$ betekent 2 : 3; de uitkomst is 0,666666...

Als je dit getal af wilt ronden op twee cijfers achter de komma, dan wordt het 0,67.

Het derde getal, de 6, bepaalt immers dat je naar boven moet afronden.

- ### De statistische modus

Bij het berekenen van het gemiddelde van een grote reeks getallen is een gewone rekenmachine wel te gebruiken, maar niet erg handig. Je moet namelijk onthouden hoeveel getallen je hebt ingetikt. Daarom hebben sommige machines een statistische modus waarmee dat snel te doen is.

- ### Opgaven

1. Een bepaalde bacterie kan zich onder gunstige omstandigheden elke twintig minuten delen.
   a. Bereken het aantal bacteriën dat uit één bacterie kan ontstaan in 6 uur.
   b. Bereken het aantal bacteriën dat uit één bacterie kan ontstaan in 24 uur.
   c. Waarom zullen er in werkelijkheid nooit zoveel bacteriën uit een bacterie ontstaan?
2. Een andere bacteriesoort verdubbelt zich elk uur in aantal. Na 36 uur raakt op die manier een jampotje vol. Hoelang duurde het voordat de jampot voor een vierde deel gevuld was? (Probeer deze vraag te beantwoorden zonder je rekenmachine te gebruiken.)
3. Bereken

   a. $\dfrac{8{,}4 \cdot 10^3}{4{,}2 \cdot 10^2} =$

   b. $6{,}66 \cdot 10^{34} \times 1{,}25 \cdot 10^{-18} =$

   c. $\dfrac{8{,}325 \cdot 10^5}{2{,}2 \cdot 10^{-8}} =$

   d. $\dfrac{2{,}4 \cdot 10^{24}}{6 \cdot 10^{23}} =$

   e. $2{,}4 \cdot 10^{24} \times 1{,}66 \cdot 10^{-23} =$

   f. $\dfrac{6 \cdot 10^{50}}{3 \cdot 10^{48}} =$

4. Bij een bepaalde persoon bevat een liter bloed 0,4 l rode bloedcellen. Bij telling blijken dat er $4{,}5 \cdot 10^{12}$ te zijn. Verder blijkt deze persoon 10 mmol per liter aan hemoglobine in zijn bloed te hebben.
   Gegeven:
   - Het gemiddelde volume van één erytrocyt heet in het Engels het *mean corpuscular volume*, afgekort: MCV.

De hoeveelheid hemoglobine in één rode bloedcel heet het *mean corpuscular haemoglobin* (MCH).

De concentratie hemoglobine in één liter rode bloedcellen is de *mean corpuscular haemoglobin concentration* (MCHC).

a. Hoe groot is het volume van één gemiddelde rode bloedcel (MCV) in liters?
b. Hoeveel hemoglobine (MCH) bevat één rode bloedcel in mmol?
c. Wat is de concentratie hemoglobine (MCHC) in één liter pure rode bloedcellen in mmol/l?

5. Bereken met behulp van je rekenmachine:

a. $4 : \frac{1}{4} =$

b. $2 : \frac{1}{3} =$

c. $8 : \frac{2}{3} =$

d. $88 : 22\frac{1}{4} =$

Statistiek (keuzedeel *Bereiden en aseptisch handelen*)

Samenvatting
Statistische bewerkingen worden vaak gebruikt in diverse onderzoeken. De bekendste statistische bewerking is het uitrekenen van het gemiddelde van een reeks gegevens. Dat kan op verschillende manieren: ongewogen en gewogen. Verder kijken we in dit hoofdstuk naar de afwijking van het gemiddelde.

11.1 Ongewogen gemiddelde – 122

11.2 Gewogen gemiddelde – 123

11.3 Modus – 123

11.4 Rondom het gemiddelde – 124
11.4.1 Afwijking – 125
11.4.2 Spreidingsbreedte en systematische afwijking – 125
11.4.3 Standaarddeviatie en relatieve standaarddeviatie – 127

© Bohn Stafleu van Loghum, onderdeel van Springer Media B.V. 2018
D. van Hulst, *Farmaceutisch rekenen*, Basiswerk AG,
https://doi.org/10.1007/978-90-368-2019-6_11

Statistische bewerkingen worden vaak gebruikt in diverse onderzoeken. De bekendste statistische bewerking is het uitrekenen van het gemiddelde van een reeks gegevens. Dat kan op verschillende manieren: ongewogen en gewogen. Verder kijken we in dit hoofdstuk naar de afwijking van het gemiddelde.

Voor apothekersassistenten zijn dit hulpmiddelen om uit te rekenen of er voldoende geneesmiddel in een bepaalde toedieningsvorm zit en of het geneesmiddel wel goed verdeeld is. Dit hoofdstuk is bestemd voor studenten die het keuzedeel *Bereiden en aseptische handelen* gaan volgen.

11.1 Ongewogen gemiddelde

Het *ongewogen gemiddelde* wordt berekend door de gegevens bij elkaar op te tellen en te delen door het aantal gegevens.

Voorbeeld 1
Gegeven is de volgende cijferreeks: 52–43–78–12–25.

Het gemiddelde kun je dan zo berekenen: $\dfrac{52 + 43 + 78 + 12 + 25}{5} = 42$.

Zo kun je uit iedere reeks een gemiddelde berekenen.

Voorbeeld 2
Bereken uit de volgende cijferreeks het gemiddelde: 5–9–6–5–4–9–8–9–5–3–7–8–7–4–5–4–8–9–7–8.

Aanpak:
Berekening:

$$\bar{x} = \dfrac{5+9+6+5+4+9+8+9+5+3+7+8+7+4+5+4+8+9+7+8}{20} = 6{,}5.$$

Let op: het gemiddelde wordt vaak aangegeven met $\bar{x}$.

■ Op de rekenmachine
Op een rekenmachine met statistische functies kun je het gemiddelde snel uitrekenen.
Bij een Casio werkt dat door te bladeren door de diverse modi. Een van de modi is de statistische modus (te herkennen aan de term 'SD'). Als je deze modus inschakelt en alle getallen invoert (zoals de reeks in voorbeeld 2), houdt de machine zelf het aantal ingevoerde getallen bij. Het gemiddelde vind je dan onder de knop s-sum, met het symbool $\bar{X}$.

Een TI-30 werkt iets anders, maar vergelijkbaar. Met behulp van de shifttoets kun je de statistische modus aanzetten via 'stat'. De getallen kun je invoeren met behulp van 'data', waarbij je met de cursortoets kunt bladeren door de in te voeren waarden. Daarbij kun je ook het aantal keren dat een getal voorkomt invoeren. Dat is handig en je kunt het goed gebruiken bij het berekenen van het gewogen gemiddelde.

11.2 Gewogen gemiddelde

Bij het *gewogen gemiddelde* wordt rekening gehouden met het aantal keren dat een gegeven voorkomt.

Voorbeeld 3

Een circus hanteert twee tarieven voor kaarten. De gewone plaatsen kosten € 4,– en de logeplaatsen kosten € 6,–. Voor de zaterdagmiddagvoorstelling zijn 200 gewone kaarten verkocht en 50 kaarten voor logeplaatsen.

De gemiddelde prijs per persoon is in dit geval niet € 5,– (4 + 6 gedeeld door 2). Je moet het gemiddelde namelijk berekenen door het aantal verkochte kaarten met de prijs te vermenigvuldigen. Die getallen tel je bij elkaar op en dan deel je het door het totaal aantal verkochte kaarten.

gewone plaatsen: 200 × € 4,– = € 800,–

logeplaatsen: 50 × € 6,– = € 300,–

totale opbrengst: € 1.100,–

De gemiddelde (gewogen) prijs is € 1.100,– : 250 = € 4,40.

Je ziet nu de invloed van het grote aantal kaarten à € 4,- op het gewogen gemiddelde.

- Opgaven

1. Bereken uit de volgende gegevens de gemiddelde regenhoeveelheid per dag.

4 sept.	5 sept.	6 sept.	7 sept.	8 sept.	9 sept.	10 sept.
7 mm	4 mm	11 mm	5 mm	9 mm	5 mm	8 mm

2. Meet je medestudenten en vul in de volgende zinnen de naam en de lengte in.
   - De langste van onze klas heet: … en is … cm.
   - De kleinste van onze klas heet: … en is … cm.
   a. Kun je met deze twee gegevens de gemiddelde lengte in je klas berekenen?
   b. Kun je de gemiddelde lengte berekenen als je twee andere leerlingen kiest?
   c. Bereken de gemiddelde lengte in je klas op de manier die volgens jou het beste is.

11.3 Modus

Het begrip *modus* heeft te maken met aantallen en eenheden. De modus is die eenheid die in aantal de rest overtreft. Anders gezegd: de modus is de waarde die het vaakst voorkomt.

Voorbeeld 4

Kijk eens naar deze rij cijfers: 3-4-1-2-2-2-4-2-3-1.

Wat is de *modus* van deze reeks?

Het getal 2 komt het vaakst voor en is dus de modus van deze getallen. Maar eigenlijk kon je dat heel gemakkelijk zien.

Voorbeeld 5

Kijk nu eens naar deze rij cijfers: 3-1-8-6-4-10-3-7-1-9-2-1-7-1-7-5-7-4-7-2-1-6-1-7-3-4-10-3-7-4-7-1-8-2-9-7-4-7-5-6-1-4-10-3-7-4.

Wat is de *modus* van deze reeks?

Aanpak:
Je kunt nu niet zo snel zien welk getal het vaakst voorkomt als in voorbeeld 4. Daarom maak je er een tabel van:

cijfer	1	2	3	4	5	6	7	8	9	10
frequentie	8	3	5	7	2	3	11	2	2	3

We noemen dit een *frequentietabel*. De frequentie geeft aan hoe vaak een cijfer voorkomt. De modus is dus 7.

■ Opgaven

3. Gegeven is de volgende reeks getallen: 1-2-9-1-5-2-5-9-6-2-6-1-3-5-2-5-7-1-6-5-1-9-5-5-3.
   a. Maak een frequentietabel van deze reeks.
   b. Wat is de modus?
   c. Geef ook het gemiddelde.
   d. Is er een verschil tussen de modus en het gemiddelde?
4. Maak ook een frequentietabel van de lengte van je klasgenoten.
   a. Wat is de modus van jullie klas?
   b. Bereken de gemiddelde lengte met behulp van de frequentietabel.

11.4 Rondom het gemiddelde

Met het uitrekenen van de modus, het gemiddelde en het gewogen gemiddelde ben je er nog niet; over reeksen getallen is nog veel meer te zeggen. Onderwerpen die in de statistiek, maar ook bijvoorbeeld bij doseringscontroles aan de orde komen, zijn de afwijking, de spreidingsbreedte en de systematische afwijking, de standaarddeviatie en de relatieve standaarddeviatie. Deze begrippen behandelen we in deze paragraaf.

11.4.1 Afwijking

Op een zak dropjes staat de letter 'e' bij het gewicht, bijvoorbeeld: 250 g e. Dat betekent dat er gemiddeld 250 g drop in de zak zit. Soms is het een beetje meer, soms een beetje minder. Als je het na gaat wegen, dan kan het best zijn dat er maar 247 g drop in de zak zit. De afwijking is in dat geval −3. Het minteken laat zien dat er sprake is van een tekort.

De *afwijking* is dus: 'wat het is' − 'wat het hoort te zijn'. In dit geval is de afwijking: =247 g − 250 g = −3 g.

De afwijking is ook in een percentage uit te drukken:

$$\text{afwijking (\%)} = \frac{\text{afwijking}}{\text{wat het hoort te zijn}} \times 100\%.$$

In ons voorbeeld is de afwijking: $\frac{-3}{250} \times 100\% = 1,2\%$.

- Opgaven
5. Op een zak suiker staat dat er 1 kg in zit. Bij nawegen blijkt de inhoud 1015 g te zijn.
   a. Wat is de absolute afwijking?
   b. Wat is de afwijking in procenten?
6. In een recept voor een krentenbrood van 800 g staat: 'Neem 500 gram bloem, 100 gram krenten, 275 ml water, 2 gram gist en 1 gram zout'. Tijdens het bakken verdampt 40 ml water.
   a. Hoe zwaar is het brood als er niets achterblijft in de bakken waarin het brood wordt bereid?
   b. Hoe groot is de afwijking van de norm (800 g)?
   c. Hoe groot is die afwijking in procenten?

11.4.2 Spreidingsbreedte en systematische afwijking

Als je een aantal verpakkingen van een bepaald product gaat nawegen, dan kom je vaak tot de ontdekking dat het gewicht steeds een beetje anders is. De waarden zijn verdeeld over een bepaald gebied. Dit noemen we de *spreiding*.

Voorbeeld 6
Stel, je weegt in een supermarkt twintig zakjes drop (250 g e) na op de groenteafdeling. Je krijgt dan bijvoorbeeld de volgende gewichtsverdeling:

248 g	255 g	258 g	245 g	235 g
249 g	250 g	254 g	243 g	260 g
258 g	252 g	245 g	247 g	261 g
250 g	246 g	249 g	253 g	250 g

Aanpak:
Het gemiddelde gewicht reken je uit door alle gemeten gewichten bij elkaar op te tellen en de som te delen door 20. De uitkomst is een gemiddeld gewicht van 250,4 g. Slimmer is natuurlijk om de statistische modus te gebruiken op je rekenmachine.

▪▪ Spreidingsbreedte

De gewichten van de zakjes drop variëren tussen twee waarden. De hoogste waarde is 261 g, de laagste is 235 g. Het gebied daartussen noemen we de *spreidingsbreedte*. De spreidingsbreedte is: de hoogste waarde – de laagste waarde = 261 − 235 = 26 g.

▪▪ Systematische afwijking

Het gemeten gewicht wijkt steeds af van wat het eigenlijk moet zijn. Dit noemen we de *systematische afwijking*.
de systematische afwijking = het gemiddelde − wat het hoort te zijn.
In procenten:

$$\text{systematische afwijking} = \frac{\text{afwijking}}{\text{wat het hoort te zijn}} \times 100\%$$

In voorbeeld 6 is de systematische afwijking: 250,4 g − 250 g = 0,4 g.
In procenten: $\frac{0,4}{250} \times 100\% = 0,16\%$.

▪ Opgaven

7. Bij het nawegen van zakjes pepermuntjes van 250 g e krijg je de volgende resultaten:

245 g	253 g	256 g	243 g	235 g
247 g	248 g	252 g	241 g	255 g
256 g	250 g	240 g	241 g	254 g
245 g	245 g	246 g	249 g	244 g

   a. Hoe groot is de spreidingsbreedte?
   b. Bereken de systematische afwijking in grammen en in procenten.

8. Bij het nawegen van de verpakkingen hagelslag van 450 g meet je het volgende:

444 g	460 g	442 g	458 g	467 g
450 g	448 g	455 g	449 g	459 g

   a. Hoe groot is de spreidingsbreedte?
   b. Bereken de systematische afwijking in grammen en in procenten.

11.4.3 Standaarddeviatie en relatieve standaarddeviatie

Een andere manier om te zeggen hoever de waarden afwijken van een gemiddelde waarde is de *standaarddeviatie*. De standaarddeviatie wordt als volgt berekend:
- Bepaal het gemiddelde van een reeks waarnemingen.
- Bepaal voor elke waarneming het verschil met dit gemiddelde van de waarneming $(\bar{x} - x_i)$.
- Kwadrateer deze verschillen en tel de kwadraten bij elkaar op:
 $(\bar{x} - x_1)^2 + (\bar{x} - x_{12})^2 + \ldots$
- Deel door het aantal meetresultaten min 1 (n − 1).
- Trek de wortel uit het verkregen resultaat.

De uitkomst van de vierde stap noemt men ook wel de variantie van de meetresultaten.
De standaarddeviatie is dus de wortel uit de variantie.
Als we de standaarddeviatie s noemen, het gemiddelde $\bar{x}$ en de meetresultaten $x_1, x_2, x_3 \ldots x_n$ waarbij n het totaal aantal meetresultaten is, dan geldt:

$$s = \sqrt{\frac{(\bar{x} - x_1)^2 + (\bar{x} - x_2)^2 + \ldots + (\bar{x} - x_n)^2}{n - 1}}.$$

Omdat het hier gaat om een beperkt aantal waarnemingen moet er gedeeld worden door n − 1. Pas als het aantal waarnemingen oneindig groot is, mag je delen door n (de wiskundige uitleg hiervoor voert te ver om in dit boek te bespreken).

Rekenmachine De formule voor de standaarddeviatie ziet er ingewikkeld uit en de berekening is ook vrij lastig. Maar gelukkig heeft elke goede, wetenschappelijke rekenmachine de al eerder besproken statistische modus. Je kunt je waarnemingen rechtstreeks invoeren en als de knop 'σn − 1' indrukt, levert het apparaat de standaarddeviatie.

- **Relatieve standaarddeviatie**

Een andere maat die veel zegt over de afwijkingen in metingen is de *relatieve standaarddeviatie*. De relatieve standaarddeviatie is de grootte van de afwijking (de fout) in procenten. In formule:

$$\frac{\text{standaardafwijking}}{\text{gemiddelde waarde}} \times 100\% \text{ of: r.s} = \frac{s}{\bar{x}} \times 100\%.$$

- **Opgaven**
9. Stel dat de volgende rijtjes getallen gemeten waarden zijn.
 Rij A: 1–2–3–4–5–6–7–8–9–10.
 Rij B: 5,1–5,2–5,3–5,4–5,5–5,6–5,7–5,8–5,9.

Bepaal van beide reeksen:
a. de spreidingsbreedte.
b. het gemiddelde.
c. de standaarddeviatie.
d. de relatieve standaarddeviatie.
e. Wat valt je op als je het gemiddelde en de standaarddeviatie van elke rij met elkaar vergelijkt?

10. In een klas zijn twee toetsen afgenomen. Er zijn de volgende punten behaald:

leerling	toets 1	toets 2
1	3,5	5,1
2	9,2	7,3
3	8,9	6,9
4	4,2	4,8
5	5,8	6,1
6	4,1	5,7
7	8,7	7,4
8	7,9	7,1
9	3,4	4,9
10	4,5	5,3

Bereken van allebei de reeksen:
a. de spreidingsbreedte.
b. het gemiddelde.
c. de standaarddeviatie.
d. de relatieve standaarddeviatie.
e. Welke toets is voor de klas als geheel het 'vriendelijkst' en waaraan kun je dat zien?

11. Neem nog eens de tabel met de lengte van je klasgenoten. Bepaal ook hier:
a. de gemiddelde lengte.
b. de standaarddeviatie.
c. de relatieve standaarddeviatie.

12. Bij controle van een partij capsules neemt men een monster van twintig stuks. Bij nawegen vindt men de volgende massa's (in grammen):

0,2216	0,2052	0,2247	0,2338	0,2178
0,2154	0,2133	0,2093	0,2113	0,2166
0,2153	0,2098	0,1933	0,2255	0,2168
0,2130	0,2176	0,2066	0,2183	0,2180

a. Bereken de gemiddelde massa van een capsule.
b. Bereken de standaarddeviatie en de relatieve standaarddeviatie voor de serie capsules.

11.4 · Rondom het gemiddelde

13. Marloes maakt met de hand een serie poeders. Ze moeten 1.000 mg per stuk wegen. Bij nawegen meet Marloes de volgende waarden:

930	1.012	1.035	950	1.016
1.095	1.100	990	1.020	965
980	920	1.065	990	995
960	1.010	1.015	1.005	1.020

   a. Bereken de gemiddelde massa van een capsule.
   b. Bereken de standaarddeviatie en de relatieve standaarddeviatie voor de serie capsules.

14. Khadia heeft een serie capsules gevuld die volgens voorschrift 300 mg poeder zouden moeten bevatten. Bij nawegen blijkt de volgende reeks:

290	305	309	310	304
295	310	320	285	290
325	280	275	320	315
300	315	270	325	305

   a. Bereken de gemiddelde massa van een capsule.
   b. Bereken de standaarddeviatie en de relatieve standaarddeviatie voor de serie capsules.

Bijlagen

Antwoorden - 132

© Bohn Stafleu van Loghum, onderdeel van Springer Media B.V. 2018
D. van Hulst, *Farmaceutisch rekenen*, Basiswerk AG,
https://doi.org/10.1007/978-90-368-2019-6

Antwoorden

Hoofdstuk 1

1. Bereken
    a. 1.400
    b. 1.700
    c. 2.000
    d. 1.000
2. Bereken
    a. 12.000
    b. 17.000
    c. 55.000
    d. 26.000
3. Bereken
    a. 4.000
    b. 4.000
    c. 8.000
    d. 7.000
4. Bereken
    a. 19.976
    b. 380
    c. 3.210
    d. 2.022
5. Bereken
    a. 18.000
    b. 7.680
    c. 500.000
    d. 255.000
    e. 7,5
    f. 25
    g. 6,5
    h. 961
6. Bereken
    a. 6,5
    b. 77,72
    c. 7,4
    d. 10.000
    e. 71
    f. 210
    g. 60
    h. 100
    i. 145
    j. 661
    k. 390
    l. 48
    m. 66.666
    n. 31

Antwoorden

7. Bereken
   a. 87
   b. 965,5
   c. 639
   d. 869,13
   e. 0,633
   f. $21\frac{5}{6}$
   g. $10\frac{1}{4}$
   h. $6\frac{1}{3}$
   i. $2\frac{7}{8}$

8. 405

9. Bereken
   a. € 1,50
   b. € 18,39
   c. € 66,14
   d. € 65,14
   e. 210
   f. 4,05
   g. 22
   h. 0,55
   i. 0,625

Intermezzo 1
1. b
2. d
3. a
4. b
5. d
6. a
7. d
8. c
9. b
10. b
11. d
12. a
13. d
14. b
15. b
16. a
17. a
18. a
19. d

20. b
21. a
22. d
23. d
24. d

10. Bereken
    a. 450
    b. 60
    c. 8
    d. 15
    e. 7,55
    f. 73.000
    g. 2,4
    h. 72
    i. 96
11. Bereken
    a. 588
    b. 62,5
    c. 4.000
    d. 2
    e. 0,2
    f. 20
    g. 2.000
    h. 48
    i. 360
12. € 1.536,-
13. Bereken
    a. 68
    b. 680
    c. 680
    d. 600
    e. 630
    f. 6.000
    g. 110.000
    h. 550
    i. 505,05
    j. 202
    k. 20.020
    l. 300
    m. 1.500
    n. 6.000
    o. 1.066,67
    p. 8
    q. 32
    r. 64

Antwoorden

s. 50
t. 150
u. 363
v. 289

Intermezzo 2
1. a
2. d
3. b
4. a
5. d
6. a
7. d
8. c
9. d
10. c
11. a
12. c
13. a
14. a
15. d
16. a
17. d
18. a
19. d
20. a
21. c

14. Bereken
    a. 2^2
    b. 4^2
    c. 38^2
    d. 256^2
    e. 3^4
    f. 7^3
    g. 4^4
    h. 10^3
15. Bereken
    a. 16
    b. 27
    c. 100.000
    d. 81
    e. 125
    f. 144
    g. 900
    h. 20
    i. 252
    j. 432

k. 10.000.000
l. 64
m. 243
n. 10.000.000
o. 16
p. 256
q. 400
r. 125
s. 7

16. Bereken
    a. 1
    b. 45
    c. 16
    d. 5

17. Bereken
    a. $1 \cdot 10^3$
    b. $1 \cdot 10^4$
    c. $1 \cdot 10^6$
    d. $1 \cdot 10^9$
    e. $2 \cdot 10^4$
    f. $2,5 \cdot 10^3$
    g. $7,5 \cdot 10^5$
    h. $1 \cdot 10^{-3}$
    i. $1 \cdot 10^{-7}$
    j. $2 \cdot 10^{-4}$
    k. $7,5 \cdot 10^{-2}$
    l. $8,4 \cdot 10^{-10}$
    m. $9 \cdot 10^{-3}$
    n. $4 \cdot 10^{-2}$

18. Bereken
    a. 200
    b. 400.000
    c. 3.600.000
    d. 500.000.000
    e. 0,03
    f. 0,00015
    g. 0,0000086
    h. 620.000.000.000.000.000.000

19. Bereken
    a. 4.000 en 30.000
    b. 125 en 5.000
    c. 16 en 20.000
    d. 300 en 6.000.000

20. Bereken
    a. 20
    b. $9,6 \cdot 10^6$
    c. 2.000

d. $2 \cdot 10^{11}$
e. 80
f. $2 \cdot 10^5$
21. Bereken
    a. $5 \cdot 10^6$
    b. $1,5 \cdot 10^{46}$
    c. $6,7 \cdot 10^5$
    d. 0,12
    e. 10^2
    f. $6,25 \cdot 10^{36}$
22. Bereken
    a. 16
    b. 25
    c. 48
    d. 87
    e. 175
    f. 177
    g. 335
    h. 608
23. Bereken
    a. XXVIII
    b. XXXIII
    c. XLIX
    d. CXCVIII
    e. CCXCVII
    f. CDLV
24. Omdat MM hetzelfde is als 2000.
25. 1.728

Hoofdstuk 2

1. Bereken
    a. $\dfrac{4}{5}$
    b. $\dfrac{2}{11}$
    c. $\dfrac{25}{48}$
    d. $\dfrac{8}{45}$
    e. $\dfrac{1}{5}$
    f. $\dfrac{1}{3}$

2. Bereken
   a. $\dfrac{10}{13}$
   b. $\dfrac{10}{31}$

3. Bereken
   a. $7\dfrac{17}{30}$
   b. $15\dfrac{41}{56}$
   c. $14\dfrac{7}{12}$
   d. $20\dfrac{3}{40}$
   e. $\dfrac{21}{24}$
   f. $\dfrac{17}{24}$
   g. $\dfrac{19}{32}$
   h. $\dfrac{9}{30}$

4. Bereken
   a. $1\dfrac{11}{15}$
   b. $3\dfrac{1}{6}$
   c. $\dfrac{13}{16}$
   d. $\dfrac{9}{32}$
   e. $1\dfrac{33}{175}$
   f. $\dfrac{8}{125}$
   g. $1\dfrac{1}{8}$
   h. $\dfrac{51}{84}$
   i. $7\dfrac{16}{21}$
   j. 15
   k. $8\dfrac{1}{4}$
   l. $6\dfrac{1}{2}$

    m. $4\frac{1}{2}$
    n. $1\frac{5}{12}$
    o. $1\frac{7}{9}$
    p. $2\frac{3}{4}$

5. Bereken
   a. $\frac{1}{24}$
   b. 45
   c. $7\frac{1}{2}$
   d. 10
   e. 25

6. Bereken
   a. 0,6
   b. 0,25
   c. 0,75
   d. 0,125
   e. 0,375
   f. 0,16
   g. 0,09
   h. 0,77
   i. 0,008
   j. 0,088
   k. 0,002
   l. 0,198
   m. 0,092
   n. 0,009

7. Bereken
   a. 0,17
   b. 0,14
   c. 0,67
   d. 0,83

8. Bereken
   a. 0,333
   b. 0,667
   c. 0,167

9. Bereken
    a. $\dfrac{1}{8}$
    b. $\dfrac{3}{8}$
    c. $\dfrac{5}{8}$
    d. $\dfrac{7}{8}$
    e. $\dfrac{11}{20}$
    f. $5\dfrac{3}{4}$
    g. $25\dfrac{1}{4}$
    h. $625\dfrac{5}{8}$

Hoofdstuk 3

1. Hamideh 3, Dayenne 12
2. A: € 200,–; B: € 400,–; C: € 1.200,–
3. 5.000 ml = 5,000 l
4. Bereken
    a. Bram: € 80,–; Jente: € 100,–; Eva: € 120,–
    b. 8 : 10 : 12 = 4 : 5 : 6
5. Bereken
    a. Laila € 70,–; Anne: € 50,–
    b. Laila : Anne = 7 : 5
    c. € 217; € 155
6. 4.900 ml = 4,9 l
7. 0,8 l suikerstroop, 0,4 l water, 0,8 l alcohol
8. Bereken
    a. 100 delen
    b. 60 ml
    c. 25 ml
9. Bereken
    a. 362 delen
    b. 16,57 ml
    c. 1,4 ml
10. Bereken
    a. 199 delen
    b. 36,18 ml
    c. 150,75 ml
11. Jeroen: € 58,18; Simone: € 69,82

12. Bereken
    a. 12 sinaasappels, 480 suikerklontjes, 480 koffiebonen
    b. $\frac{3}{4}$ sinaasappel, 30 suikerklontjes, 30 koffiebonen
    c. 40 dagen
13. In totaal heb je voor 30 tubes nodig: 750 gram krijt, 540 ml glycerine, 45 gram pepermuntolie, 750 ml vers kraanwater, 300 ml afwasmiddel, 45 gram Kukident en 180 zoetstoftabletjes.
14. 1.980 ml water; 2.250 ml oplossing
15. 71,25 ml
16. 400 mg vitamine C en 19.600 mg lactose
17. 400 mg prednisolon en 800 mg primojel
18. 5.940 mg lactose levert 6.000 mg verwrijving
19. Bereken
    a. 2
    b. $\frac{1}{2}$
    c. 4
    d. 36
    e. 25
    f. 7
    g. 20
    h. 6
    i. 4

Hoofdstuk 4

1. Bereken
    a. 2.000.000 µg
    b. 4.000 mg
    c. 4.000 mg
    d. 0,5 g
    e. 3.500 g
    f. 5.500 mg
    g. 0,375 mg
    h. 1.000 µg
    i. 0,786 g
    j. 0,03 g
    k. 0,4 g
2. Bereken
    a. 1.000 cm^3
    b. 5.720 cm^3
    c. 53.000 cm^3
    d. 5.453 cm^3
    e. 0,001 dm^3
    f. 0,450 dm^3
    g. 0,075 dm^3
    h. 0,3752 dm^3

3. Bereken
   a. 1.000 ml
   b. 23.450 ml
   c. 2340 ml
   d. 250 ml
   e. 1,908 l
   f. 0,0908 l
4. Bereken
   a. 10 l
   b. 0,023 l
   c. 46.500 ml
   d. 0,452 dl
   e. 3.450 cm^3
   f. 0,0125 dm^3
5. 43 mm regen komt overeen met 43 l per m^2
6. Bereken
   a. 20 dg
   b. 400 cg
   c. 4.000 µg
   d. 0,3 mg
   e. 0,5 g
   f. 0,000375 g
   g. 0,001 g
   h. 786.000.000 µg
7. Bereken
   a. 1 dm^3
   b. 1.500 g
   c. 6.500 mg
   d. 0,05 g
   e. 8.250 mm^3
   f. 1.600 cm^3
   g. 0,25 g
   h. 0,75 kg
8. Bereken
   a. 2.050 mg
   b. 0,12 g
   c. 16.000 µg
   d. 25,5 mg
   e. 8,4 mg
   f. 450 µg
   g. 0,251 g
   h. 6.980 mg
   i. 316 g
   j. 9 g

9. Bereken
    a. 600 cm² (6 × 10 × 10 cm = 600 cm²)
    b. 8
    c. 5 cm
    d. 1.200 cm² (8 × 6 × 5 cm × 5 cm = 1.200 cm²)
    e. Kleine deeltjes hebben een groot oppervlak.
    f. Poedersuiker lost het snelst op, want dat heeft een groter contactoppervlak.
10. Dat is 1,8 g. Hij krijgt 3 zakjes naproxen van 600 mg per stuk.
11. Dat is 2.100 mg. De sterkte van 1 capsule is 2.100 mg : 6 = 350 mg antibioticum per capsule.
12. Dat is 450 mg. De sterkte van 1 tablet is 450 mg : 3 = 150 mg per tablet.
13. b is juist
14. b is juist
15. 2.310 mg
16. 0,0042 gram
17. 3 × 3 ml = 9 ml × 24 = 216 mg
18. 120 mg per keer en 1.800 mg per 5 dagen
19. Bereken
    a. per keer 3 × 1 mg = 3.000 µg; per dag 3 × 3 × 1 = 9.000 µg
    b. een flacon bevat 200 ml, per dag wordt er 9 ml gegeven; de flacon kan 22 hele dagen worden gebruikt
20. 7,5 ml
21. 2,5 ml
22. 2,25 ml
23. Bereken
    a. 750 ml
    b. 1.250 ml
    c. 0,25 l
24. Bereken
    a. 200 ml
    b. 0,15 l
25. 5 dagen
26. 14 dagen
27. ja
28. ja
29. nee
30. nee
31. ja
32. 18 dagen
33. Bereken
    a. 3 ml = 45 mg
    b. 10 ml = 150 mg
    c. 0,1 ml = 1,5 mg
    d. 1,2 ml = 18 mg
    e. 4 ml = 60 mg
    f. 8 ml = 120 mg
    g. 0,4 ml = 6 mg
    h. 2,4 ml = 36 mg

34. Bereken
    a. 3 ml = 60 mg
    b. 10 ml = 200 mg
    c. 0,1 ml = 2 mg
    d. 1,1 ml = 22 mg
    e. 4 ml = 80 mg
    f. 8 ml = 160 mg
    g. 0,4 ml = 8 mg
    h. 1,5 ml = 30 mg
35. Bereken
    a. juist
    b. juist
    c. onjuist
    d. juist
36. 22,5 ml per dag; 22 dagen (180 mg = 7,5 ml per keer; per dag 3 × 7,5 = 22,5 ml; aantal dagen: 500 : 22,5)
37. 9 ml morfinedrank per dag door de sonde; zij heeft 11 dagen genoeg aan 1 flacon
38. 1,5 ml
39. 0,25 ml
40. 1,5 ml
41. Je hebt 12,5 ml oplossing nodig om 250 mg op te lossen tot 20 mg/ml.
42. Je hebt 12,5 ml oplossing nodig om 500 mg op te lossen tot 40 mg/ml.
43. Je hebt 20 ml oplossing nodig om 1.000 mg op te lossen tot 50 mg/ml.
44. Je hebt 8 ml oplossing nodig om 1.000 mg op te lossen tot 125 mg/ml.
45. Bereken
    a. 50 mg
    b. 38 druppels
46. Bereken
    a. 184 mg
    b. 65 druppels
47. Bereken
    a. 50 druppels
    b. 21 mg
    c. 31 druppels
48. 30 mg/druppel
49. 18 druppels
50. Bereken
    a. 275 µg
    b. 880 µg
    c. 715 µg
    d. 550 µg
51. druppelgewicht → aantal druppels
    a. 29 mg → 4 druppels
    b. 15 mg → 7 druppels
    c. 13 mg → 8 druppels
    d. 40 mg → 3 druppels

52. Bereken
    a. 1 ml
    b. 2 × 1 ml
    c. 0,2 ml
    d. 5 × 0,6 ml

Hoofdstuk 5

1. 637,5
2. 600
3. Bereken
    a. € 2.500,-
    b. € 3.333,33
    c. € 3.000,-
4. 34%
5. Bereken
    a. 24%
    b. 105/85/60
6. 200 g
7. Bereken
    a. 400 g
    b. 180 g
8. Bereken
    a. 42,0%
    b. 38,2%
    c. 48,0%
    d. 30,0%
9. Bereken
    a. 11,0 g
    b. 18,9 g
    c. 41,25 g = 41,3 g
10. Bereken
    a. 400 g
    b. 550 g
    c. 400 g
11. Bereken
    a. Een wijnglas bevat 13,2 ml pure alcohol, het bierglas 12,5 ml en het borrelglas 12,25 ml.
    b. Het klopt dus wel ongeveer.
12. 8,33%
13. 33,33%
14. 20% van 1.000 l = 200 l
15. 5% morfineoplossing wil zeggen 5 gram in 100 ml oplossing ofwel 5.000 mg in 100 ml oplossing. De patiënt heeft 15 mg morfine nodig. Dit komt overeen met 0,3 ml (15 mg : 5.000 mg × 100 ml).
16. 3% atropineoplossing wil zeggen 3 gram in 100 ml oplossing ofwel 3.000 mg in 100 ml oplossing. De patiënt heeft 9 mg atropine nodig. Dit komt overeen met 0,3 ml (9 mg : 3.000 mg × 100 ml).

17. 5% cisordinoloplossing betekent 5 gram cisordinol per 100 ml; je hebt 200 mg nodig, dit komt overeen met 4 ml (200 mg: 5.000 mg × 100 ml). Een ampul bevat 2 ml, dus heb je 2 ampullen nodig.
18. Je hebt 0,3 mg nodig; een ampul bevat 0,005%, dat is 0,05 mg fentanyl per milliliter. Hiervan heb je 6 ml nodig (0,3 mg: 0,05 mg × 10 ml).
19. 2,5% nicomorfine wil zeggen 2,5 gram nicomorfine in 100 ml ofwel 2.500 mg in 100 ml oplossing; in 2,5 ml zit dan 62,5 mg nicomorfine (2,5: 100 × 2.500 mg).
20. 0,8 ml
21. Bereken
    a. 150 ml
    b. 120 ml
22. Bereken
    a. 20 ml
    b. 200 ml van de voorraadoplossing pakken en dit met 300 ml water verdunnen.
23. Bereken
    a. 1.200 ml
    b. 800 ml
24. 2,5 mg/ml
25. Bereken
    a. 2%
    b. Er worden tien druppels per dag gedruppeld. Dit komt overeen met 0,5 ml per dag; voor 30 dagen betekent dit 30 × 0,5 ml = 15 ml. In één flacon oogdruppels zit 0,01 l = 10 ml, dus je levert twee flacons af.
26. Bereken
    a. 5 mg/ml
    b. Er worden 4 druppels per dag gedruppeld. Dit komt overeen met 0,2 ml; voor 30 dagen betekent dit 30 × 0,2 ml = 6 ml. In één flacon oogdruppels zit 5 ml. Voor een maand lever je dus twee flacons af.
27. Bereken
    a. 2,5 mg/ml
    b. Er worden 8 druppels (4 × 2 × 1) per dag gedruppeld. Dit komt overeen met 0,4 ml; voor 30 dagen betekent dit 30 × 0,4 = 12 ml. In één flacon oogdruppels zit 5 ml. Voor een maand lever je dus 3 flacons af.
28. Bereken
    a. 10 mg/g
    b. Er wordt per dag 2 cm oogzalf gebruikt. Voor 45 dagen betekent dit 45 × 2 = 90 cm. In een tube zit 5 gram oogzalf. Voor anderhalve maand lever je dus achttien tubes oogzalf af.
29. Bereken
    a. 5%
    b. Er wordt per dag 1 cm oogzalf gebruikt. Voor 60 dagen betekent dit 60 cm = 60 gram. In een tube zit 5.000 mg = 5 gram oogzalf. Voor twee maanden lever je dus twaalf tubes oogzalf af.
30. Er wordt 3x daags 1 druppels in beide ogen gedruppeld. Dit is 6 druppels per dag. Voor 30 dagen betekent dit 30 × 6 = 180 druppels. 20 druppels komt overeen met 1 ml, dus 180 druppels komt overeen met 9 ml (180 : 20). In één flacon oogdruppels zit 0,005 l = 5 ml. 9 : 5 = 1,8 dus je levert 2 flacons oogdruppels af.
31. Er wordt 0,65 ml per dag verbruikt. Voor zeven dagen betekent dit 7 × 0,65 ml = 4,55 ml. In één flacon zit 0,05 dl = 5 ml vloeistof. 4,55 : 5 = 0,91, dus je levert één flacon neusspray af.

32. Bereken
    a. € 40,-
    b. € 120,-
    c. € 72,-
    d. € 100,-
    e. € 45,-
    f. € 52
33. Bereken
    a. € 4.000,-
    b. € 3.000,-
    c. € 90.000,-
    d. € 70.000,-
    e. 20.000 kg
    f. 20.000 kg
34. 0,49‰
35. 125 mg
36. € 500,-
37. € 240.000,-

Hoofdstuk 6

1. 200 ml
2. 87,5 ml
3. 337,5 ml
4. 140 ml
5. 160 ml
6. 722,5 ml
7. 63,75 ml
8. 125 mg
9. 21,11 % v/v
10. Bereken
    a. 25 % m/m
    b. 10 % m/m
11. 1,33 % v/v
12. 8,33 % g/v
13. 43,33 % g/v
14. 25 % m/m
15. Ja, 0,450‰ komt overeen met 450 mg.
16. 6,25 % v/v
17. 6 g boorzuur, aanvullen met 194 g water
18. 2,4 g
19. 1.080 mg
20. 10 mg
21. 10,80 g
22. 4.000 ml
23. 700 ml = 0,7 l

24. 2.000 ml = 2 l
25. 5,33% v/v
26. 11,25% v/v
27. 4% m/v
28. 40 ml van de geconcentreerde oplossing verdunnen met 160 ml water.
29. 6,25 ml van de geconcentreerde oplossing verdunnen met 243,75 ml water.

Hoofdstuk 7

1. Bereken
   a. 200 × 0,65 = 130 mg
   b. 600 × 0,25 = 150 mg
   c. 100 × 0,70 = 70 mg
2. vulwaarde: 2.070 mg; verdringingswaarde (100 × 0,65): 65 mg; zetpilbasis per zetpil: 2.005 mg.
3. Bereken
   a. vulwaarde: 2.610 mg; verdringingswaarde (120 × 0,3): 36 mg; zetpilbasis per zetpil: 2.574 mg.
   b. vulwaarde: 2.475 mg; verdringingswaarde: 105 mg (100 × 0,3 + 300 × 0,25); zetpilbasis per zetpil: 2.370 mg.
4. vulwaarde: 1.070 mg; verdringingswaarde (100 × 0,65): 65 mg; zetpilbasis per zetpil: 1.005 mg. Hoeveelheid geneesmiddel: 100 mg (per zetpil). Theoretisch eindgewicht per zetpil: 1.105 mg.
5. vulwaarde: 2.610 mg; verdringingswaarde: 227,5 mg (250 × 0,65 + 100 × 0,65); zetpilbasis per zetpil: 2.382,5 mg; hoeveelheid vaste stof: 350 mg (per zetpil); theoretisch eindgewicht per zetpil: 2.732,5 mg.
6. vulwaarde: 2.090 mg; verdringingswaarde: 353 mg (500 × 0,65 + 40 × 0,7); zetpilbasis per zetpil: 1.737 mg; hoeveelheid vaste stof: 540 mg (per zetpil); theoretisch eindgewicht per zetpil: 2.277 mg.
7. verschil in milligrammen is werkelijk gewicht – theoretisch eindgewicht = 2.760 mg – 2.800 mg = – 40 mg; werkelijk gewicht – berekend gewicht (is hetzelfde als eindgewicht): berekend gewicht × 100% = 2.760 mg – 2.800 mg: 2.800 mg × 100% = – 1,4%.
8. verschil in milligrammen is werkelijk gewicht – theoretisch eindgewicht = 2.710 mg – 2.800 mg = – 90 mg. Werkelijk gewicht – berekend gewicht (is hetzelfde als eindgewicht): berekend gewicht × 100% = 2.710 mg – 2.800 mg: 2.800 mg × 100% = – 3,2%.
9. vulwaarde: 2.070 mg; verdringingswaarde (175 × 0,7): 122,5 mg; zetpilbasis per zetpil: 1.947,5 mg; hoeveelheid vaste stof: 175 mg (per zetpil); theoretisch eindgewicht per zetpil: 2.122,5 mg. afwegen: stof A: 175 mg × 11 (6 + 5) = 1.925 mg en zetpilbasis: 1.947,5 mg × 11 (6 + 5) = 21.422,5 mg = 21,4 gram.
10. vulwaarde: 2.750 mg; verdringingswaarde: 76,25 mg (25 × 0,65 + 100 × 0,6); zetpilbasis per zetpil: 2.673,75 mg; hoeveelheid vaste stof: 125 mg (per zetpil); theoretisch eindgewicht per zetpil: 2.798,75 mg; afwegen: morfinehydrochloride: 25 × 13 (8 + 5) = 325 mg; lactose: 100 mg × 13 (8 + 5) = 1.300 mg.
    zetpilbasis: 2.673,75 × 13 (8 + 5) = 34.758,8 mg = 34,8 g
11. Bereken
    a. vulwaarde: 2.070 mg; verdringingswaarde: 76,25 mg (25 × 0,65 + 100 × 0,6); zetpilbasis per zetpil: 1.993,75 mg; hoeveelheid vaste stof: 125 mg (per zetpil). Theoretisch eindgewicht per zetpil: 2.118,75 mg; afwegen: efedrinehydrochloride: 25 mg × 13 (7 + 6) = 325 mg lactose: 100 mg × 13 (7 + 6) = 1.300 mg; zetpilbasis: 1.993,75 × 13 (7 + 6) = 25.918,75 = 25.919 mg.

b. verschil in milligrammen is werkelijk gewicht − theoretisch eindgewicht = 2.175 mg − 2.118,75 mg = − 56,25 mg; werkelijk gewicht − theoretisch eindgewicht: theoretisch eindgewicht × 100 % = 2.175 mg − 2.118,75 mg : 2.118,75 mg × 100 % = + 2,65 = + 2,7 %.
12. hoeveelheid tabletten: 360 mg × 11 = 3.960 mg paracetamol; de tabletten bevatten 500 mg paracetamol per stuk; 3.960 : 500 = 7,92 tablet, dat is afgerond 8 tabletten + 2 overmaat = 10 tabletten paracetamol; 10 tabletten wegen 11.000 mg; 7,92 tabletten wegen 8.712 mg per zetpil; 792 mg tabletpoeder; vulwaarde: 2.610 mg; verdringingswaarde: 514,8 mg (792 × 0,65); zetpilbasis per zetpil: 2.095,2 mg; hoeveelheid vaste stof: 792 mg (per zetpil); theoretisch eindgewicht per zetpil: 2.887,2 mg; afwegen: 10 tabletten paracetamol en hiervan 8.712 mg tabletpoeder afwegen en zetpilbasis: 2.095,2 × 11 (6 + 5) = 23.047,2 mg.
13. Bereken
    a. vulwaarde: 2.070 mg; verdringingswaarde: 75 mg; zetpilbasis per zetpil: 1.995 mg; hoeveelheid vaste stof: 100 mg (per zetpil); theoretisch eindgewicht per zetpil: 2.095 mg; afwegen: stof X : 100 mg × 16 = 1.600 mg en zetpilbasis 1.995 × 16 = 31.920 mg = 31,92 gram.
    b. werkelijk gewicht − theoretisch eindgewicht: theoretisch eindgewicht × 100 % = 2.015,3 mg − 2.095 mg : 2.095 mg × 100 % = − 3,804 = − 3,8 %
14. Bereken
    a. hoeveelheid tabletten: 60 mg × 16 = 960 mg de tabletten bevatten 40 mg werkzame stof per stuk; 960 : 40 = 24 tabletten + 2 overmaat = 26 tabletten; 26 tabletten wegen 2.860 mg; 24 tabletten wegen 2.640 mg.
    b. theoretisch eindgewicht: voor 16 zetpillen wordt 2.640 mg tabletpoeder afgewogen; dit betekent 165 mg per zetpil; vulwaarde: 3.000 mg; verdringingswaarde (165 × 0,65): 107,25 mg; zetpilbasis per zetpil: 2.892,75 mg; hoeveelheid vaste stof per zetpil: 165 mg. Theoretisch eindgewicht per zetpil: 3.057,75 mg.
15. Bereken
    a. 55 mg × 11 = 605 mg; de tabletten bevatten 40 mg werkzame stof per stuk 605 : 40 = 15,125 tabletten, dat is afgerond 15 tabletten + 2 overmaat = 17 tabletten; 17 tabletten wegen 1.870 mg. 15,125 tabletten wegen 1.663,75 mg.
    b. theoretisch eindgewicht: voor 11 zetpillen wordt 1.663,75 mg tabletpoeder afgewogen; dit betekent 151,25 mg per zetpil; vulwaarde: 3.000 mg; verdringingswaarde (151,25 × 0,65) : 98,3125 mg; zetpilbasis per zetpil: 2.901,6875 mg; hoeveelheid vaste stof per zetpil: 151,25 mg. Theoretisch eindgewicht per zetpil: 3.052,94 mg.
16. Bereken
    a. hoeveelheid tabletten: 37,5 mg × 12 = 450 mg; de tabletten bevatten 40 mg werkzame stof per stuk. 450 : 40 = 11,25 tablet, dat is afgerond 11 tabletten + 2 overmaat = 13 tabletten; 13 tabletten wegen 1.430 mg; 11,25 tabletten wegen 1.237,5 mg.
    b. theoretisch eindgewicht: voor 12 zetpillen wordt 1.237,5 mg tabletpoeder afgewogen; dit betekent 103,125 mg per zetpil; vulwaarde: 3.000 mg; verdringingswaarde (103,125 × 0,65): 67,0313 mg; zetpilbasis per zetpil: 2.932,969 mg; hoeveelheid vaste stof per zetpil: 103,125 mg. Theoretisch eindgewicht per zetpil: 3.036,09 mg
17. ana 100 betekent: totaal 100, dus van elk 100 : 2 = 50 gram.
18. ana 150 betekent: totaal 150, dus van elk 150 : 2 = 75 gram.
19. ana 500 betekent: totaal 500, dus van elk 500 : 2 = 250 gram.

20. Bereken
    a. acidum salicylicum 0,9 g, acidum benzoicum 0,9 g ung zinci oxidum 43,2 g
    b. acidum salicylicum 0,1 g, acidum benzoicum 0,1 g ung zinci oxidum 19,8 g
    c. acidum salicylicum 3,75 g, acidum benzoicum 3,75 g ung zinci oxidum 67,5 g
    d. acidum salicylicum 3,25 g, acidum benzoicum 3,25 g ung zinci oxidum 43,5 g
21. Bereken
    a. nodig 20 g salicylzuur; 20:50 × 100 = 40 gram + 60 gram vaseline
    b. nodig 4,5 g salicylzuur; 4,5:50 × 100 = 9 gram + 21 gram vaseline
    c. nodig 6 g salicylzuur 6:50 × 100 = 12 gram + 48 gram vaseline
    d. nodig 3,25 g salicylzuur 3,25:50 × 100 = 6,5 gram + 43,5 gram vaseline
22. Bereken
    a. nodig 4 % van 250 g = 10 g; heb 3 g kan dus maar (3 :10 × 250) 75 gram zalf afleveren
    b. nodig 4 % van 250 g = 10 g; heb 8 g kan dus maar (8 :10 × 250) 200 gram zalf afleveren
    c. nodig 4 % van 250 g = 10 g; heb 4 g kan dus maar (4 :10 × 250) 100 gram zalf afleveren
23. Bereken
    a. acidum salicylicum 0,45 g, acidum benzoicum 0,45 g ung zinci oxidum 29,1 g
    b. 29,1 gram zinkoxidezalf bevat 10 % zinkoxide 10 % van 29,1 gram = 2,91 gram; deze zalf bevat 2,91 gram zinkoxide.
24. Bereken
    a. acidum salicylicum 1,5 g, acidum benzoicum 1,5 g ung zinci oxidum 72 g
    b. 72 gram zinkoxidezalf bevat 10 % zinkoxide 10 % van 72 gram = 7,2 gram; deze zalf bevat 7,2 gram zinkoxide.
25. Bereken
    a. nodig 6 % van 150 g = 9 g; heb 4,5 g, kan dus maar (4,5 : 9 × 150) 75 gram crème afleveren
    b. nodig 6% van 150 g = 9 g; heb 3 g, kan dus maar (3 : 9 × 150) 50 gram crème afleveren.
26. Bereken
    – salicylzuur 7,5 gram, zinkoxide 3,375 g, Cr Lanette II 64,125 g
    – salicylzuur 7,5 gram in 75 gram totaal; in 1 gram totale crème zit dan: 75 × 7,5 = 0,1 gram = 100 mg/g. Ik mag deze crème bereiden.
    a. salicylzuur 10 gram, zinkoxide 4,5 g, Cr Lanette II 85,5 g
    b. salicylzuur 25 gram, zinkoxide 11,25 g, Cr Lanette II 213,75 g
27. Bereken
    a. 0,5 g; 1.000.000 IE
    b. 0,45 g; 900.000 IE
    c. 0,3 g; 600.000 IE
28. Bereken
    a. 0,5 ml
    b. 0,002 ml
    c. 0,15 ml
29. Bereken
    a. 0,36 g; 1.080.000 IE
    b. 0,09 g; 270.000 IE
    c. 0,72 g; 2.160.000 IE
30. Bereken
    a. 0,03 ml
    b. 0,01 ml
    c. 0,02 ml

31. Bereken
    a. 600 IE
    b. 50 IE
    c. 800 IE
32. Bereken
    a. 600 IE = 0,6 ml
    b. 2.500 IE = 2,5 ml
    c. 10 IE = 0,01 ml
    d. 3.000 IE = 3 ml
    e. 0,2 ml = 200 IE
    f. 1,7 ml = 1,700 IE
    g. 20 IE = 0,02 ml
    h. 12.500 IE = 12,5 ml
33. Bereken
    a. 0,05 ml
    b. 0,15 ml
    c. 0,25 ml
34. Bereken
    a. 7 IE
    b. 10 IE
    c. 35 IE
35. 0,15 ml
36. 0,10 ml
37. De zuigeling weegt 5,125 kg. De dosering bedraagt 60.000 IE/kg per 24 uur in 2–3 doses. Dit betekent: 5,125 × 60.000 IE = 307.500 IE per dag in 2–3 doses, dus minimaal 102.500 IE (307.500 : 3) en maximaal 153.750 IE per keer (307.500 : 2). Benzylpenicillinepoeder voor injectie wordt opgelost in 25 ml, dus 1.000.000 IE in 25 ml. Dat betekent:
    minimaal 102.500 IE per keer = 102.500 : 1.000.000 × 25 ml = 2,5625 ml per keer;
    maximaal 153.750 IE per keer = 153.750 : 1.000.000 × 25 ml = 3,84375 ml per keer.
38. Het kind weegt 13,5 kg. De dosering bedraagt 200.000 IE/kg per 24 uur in 4–6 doses. Dit betekent: 13,5 × 200.000 IE = 2.700.000 IE per dag in 4–6 doses, dus minimaal 450.000 IE (2.700.000 : 6) en max. 675.000 IE per keer (2.700.000 : 4). Benzylpenicillinepoeder voor injectie wordt opgelost in 10 ml, dus 1.000.000 IE in 10 ml. Dat betekent:
    minimaal 450.000 IE per keer = 450.000 : 1.000.000 × 10 ml = 4,5 ml per keer;
    maximaal 675.000 IE per keer = 675.000 : 1.000.000 × 10 ml = 6,75 ml per keer.
39. Bereken
    a. onjuist
    b. onjuist
    c. onjuist
40. Bereken
    a. juist
    b. onjuist
    c. juist
41. Bereken
    a. juist
    b. onjuist
    c. onjuist
    d. juist (altijd iets meer leveren in plaats van iets minder)

42. Bereken
    a. juist
    b. juist
    c. juist
43. Bereken
    a. juist
    b. juist
    c. onjuist
44. Bereken
    a. juist
    b. juist
    c. onjuist
    d. juist
45. Bereken
    a. onjuist
    b. onjuist
    c. juist
    d. onjuist
46. Bereken
    a. 29 april
    b. 13 juli
    c. 13 september
    d. 10 november
47. Bereken
    a. ja
    b. nee
    c. ja
48. Bereken
    a. ja
    b. ja
49. Bereken
    a. ja
    b. ja
    c. ja
50. Bereken
    a. nee
    b. ja
    c. ja
51. Bereken
    a. 6 flacons
    b. 3 flacons
    c. 4 flacons

Antwoorden

52. Bereken

	dosering	aantal dagen	aantal
a	3D1T	15 dagen	45
b		30 dagen	90
c		90 dagen	270
d	1-2D2C	15 dagen	45
e		30 dagen	90
f		90 dagen	270
g	4D1I	15 dagen	60
h		30 dagen	120
i		90 dagen	360
j	2D0,5T	15 dagen	15
k		30 dagen	30
l		90 dagen	90
m	-O1T	15 dagen	8
n		30 dagen	15
o		90 dagen	45
p	3W1T	15 dagen	6
q		30 dagen	12
r		90 dagen	39
s	-D3T 2-0-1	15 dagen	45
t		30 dagen	90
u		90 dagen	270

53. Bereken

	middel	doses	aantal stuks/verpakkingen	
			30 dagen	3 maanden
a	ventolin 60 doses	2-4D1I	2	6
b	symbicort 200 doses	2D1I	1	1
c	metformine 1.000 mg (verp=60 stuks)	2D1T	1 verpakking	3 verpakkingen
d	hydrochloorthiazide 25 mg (verp=30 stuks)	1D1T	1 verpakking	3 verpakkingen
e	plavix 75 mg (verp=28 stuks)	1D1T	1 verpakking	4 verpakkingen
f	timolol oogdruppels 0,5 mg/ml (verp=5 ml)	1D1DR BOG	3	12
g	locoïd vetcrème (verp=30 gram)	2D-CR DABR (per keer 2 FTU=1 gram)	2	6
h	salbutamol cyclocaps 200 µg (verp=120 stuks)	4D1I	1	3
i	amoxicilline 125 mg/5 ml (verp=100 ml)	3D5ML (gedurende 10 dagen)	1 verpakking = 7 dagen	- 2 verpakkingen voor 10 dagen - restant retour apotheek

54. Bereken
   a. Eerste keer: $7+14=21$ tabletten.
   b. Er blijven dan nog 79 tabletten over; bij een gebruik van 3 tabletten per dag is dit genoeg voor 26 dagen. Het recept is dus genoeg voor 40 dagen.

55. Bereken
   a. Eerste keer: $7+14=21$ tabletten.
   b. Er blijven dan nog 99 tabletten over. De eerstvolgende week worden er nog een keer 14 gebruikt en de resterende 85 tabletten zijn bij een gebruik van 3 tabletten per dag voldoende voor 28 dagen. Het recept is genoeg voor $14+7+28=49$ dagen.

56. Veiligheidsmarge is een maand, dus je geeft voldoende mee voor 6 maanden = 180 dagen; dit zijn ook 180 tabletten. Je geeft dus twee verpakkingen van 90 stuks mee.
57. Veiligheidsmarge is een maand, dus je geeft voldoende mee voor 7 maanden.
7 maanden = 210 dagen; dit zijn ook 210 capsules. Je geeft dus zeven verpakkingen van 30 stuks mee.
58. Veiligheidsmarge is een maand, dus je geeft voldoende mee voor 6 maanden = 180 dagen; dit zijn 360 tabletten. Je geeft dus twaalf verpakkingen van 30 stuks mee.
59. Minimaal: 2 pufjes × 180 dagen = 360 pufjes; een discus bevat 60 doses, dus 6 stuks.
Maximaal: 4 pufjes × 180 dagen = 720 pufjes; een discus bevat 60 doses, dus 12 stuks.
60. Minimaal: 1 pufje × 90 dagen = 90 pufjes; een aerosol bevat 200 doses, dus 1 stuk.
Maximaal: 12 pufjes × 90 dagen = 1.080 pufjes; een aerosol bevat 200 doses, dus 5,4 = 6 stuks.
61. Per keer 2 pufjes.
Minimaal: 6 pufjes × 90 dagen = 540 pufjes; een aerosol bevat 200 doses, dus 2,7 = 3 stuks.
Maximaal: 12 pufjes × 90 dagen = 1.080 pufjes; een aerosol bevat 200 doses, dus 5,4 = 6 stuks.
62. Minimaal: 1 dosis × 90 dagen = 90 doses; een clickhaler bevat 60 doses, dus 2 stuks.
Maximaal: 6 pufjes × 90 dagen = 540 doses; een clickhaler bevat 60 doses, dus 9 stuks.
63 Bereken
   a. 3 × 21 stuks = 66 dagen + 7 dagen in de stopweek = 73 dagen. 5 × 73 = 365 dagen. Dat betekent dat er 5 verpakkingen = 15 strips worden afgeleverd.
   b. 15 × 21 tabletten = 315 tabletten aanschrijven.
64. In 3 maanden zitten 13 weken × 7 dagen = 91 dagen. Hiervoor zijn 91 pillen nodig; bij een aantal van 28 per strip zijn er dan 3,25; afgerond zijn er 4 strips nodig.
65. Eerste dag 2 tabletten, daarna gedurende zes dagen 1 tablet; dat zijn 2 + 6 = 8 tabletten.
66. De eerste zeven dagen 3 tabletten (3 × 5 mg), daarna zeven dagen 2 tabletten en daarna zeven dagen 1 tablet. (De vierde week slikt de patiënt geen tabletten meer.) Dus: 21 + 14 + 7 = 42 tabletten.
67. Per keer: 2 + 3 FTU en dat 3 x daags is 15 FTU per dag. 15 FTU × 14 = 210 FTU voor 14 dagen. 1 FTU = 0,5 gram, dus 210 FTU is 105 gram crème. Je moet dan drie tubes van 30 gram en 1 tube van 15 gram Fusidinecrème afleveren.
68. Per keer: 1,5 + 2 FTU en dat 3 x daags is 10,5 FTU per dag. 10,5 FTU × 14 = 147 FTU voor 14 dagen. 1 FTU = 0,5 gram, dus 147 FTU is 73,5 gram crème. Je moet dan twee tubes van 30 gram en 1 tube van 15 gram fusidinecrème afleveren.
69. Per keer: 2 × 3 + 7 FTU en dat 2 × daags is 26 FTU per dag. 26 FTU × 30 = 780 FTU voor 30 dagen. 1 FTU = 0,5 gram, dus 780 FTU is 390 gram crème. Je moet dan 4 tubes van 100 gram Dermovate®-crème afleveren.
70. Bereken
   a. 23
   b. 90
   c. 8
   d. 12
   e. 22
   f. 45
71. Bereken
   a. 5 verpakkingen
   b. 5 verpakkingen
   c. 9 verpakkingen
   d. 8 verpakkingen

Hoofdstuk 8

1. Bereken
   a. juist
   b. juist
   c. onjuist
   d. juist
2. 0,4 ml per keer en 0,8 ml drank per dag
3. 0,6 ml per keer en 1,2 ml drank per dag
4. Bereken
   a. 3 × daags 2 ml
   b. 4 × daags 5 ml
   c. 2 × daags 6 ml
5. Bereken
   a. 2 × daags 0,75 ml
   b. 0,5 ml
   c. 2 × daags 2,5 ml
6. 6 × 1,5 ml = 9 ml per dag
7. 120 mg per keer en 360 mg per dag
8. Bereken
   a. 1,2 mg per keer en 3,6 mg per dag
   b. 0,75 mg per keer en 2,25 mg per dag
   c. 1,05 mg per keer en 2,1 mg per dag
   d. 0,3 mg per keer en 1,2 mg per dag
9. Bereken
   a. 1 mg per keer en 2 mg per dag
   b. 0,25 mg per keer en 0,5 mg per dag
   c. 1,5 mg per keer en 3 mg per dag
10. Bereken
    a. 16 mg per keer en 48 mg per dag – voldoet
    b. 3,2 mg per keer en 9,6 mg per dag – te laag
    c. 11,2 mg per keer en 33,6 mg per dag – voldoet
    d. 8 mg per keer en 24 mg per dag – voldoet
11. Bereken
    a. mag worden bereid
    b. boven de norm → mag niet worden bereid
    c. boven de norm → mag niet worden bereid
    d. mag worden bereid
12. Bereken
    a. mag worden bereid
    b. mag worden bereid
    c. onder de norm → mag niet worden bereid
    d. mag worden bereid
13. voldoet niet aan de norm (is te laag). Voor de norm 8 g miconazol afwegen.
14. voldoet aan de norm
15. 70 mg
16. 83,75 mg
17. 66 mg = 0,066 gram

18. per keer 502 mg, per dag 1.506 mg
19. per keer 675 mg, per dag 2.700 mg
20. per keer 198 mg, per dag 990 mg
21. Bereken
    a. 225 mg
    b. 250 mg komt hier het dichtste bij
22. Bereken
    a. 328 mg
    b. 375 mg komt hier het dichtste bij
23. 9,5 mg
24. 0,103 gram
25. 64,5 mg
26. 500 mg per keer en 1.500 mg per dag
27. 600 mg per keer en 2.400 mg per dag
28. 1.125 mg per dag = 375 mg per keer. Je levert capsules met 375 mg af en dan 21 stuks.
29. 520 mg per keer; 500 mg komt het dichtste in de buurt en je levert 30 stuks af.
30. 358 mg per keer; 375 mg komt het dichtste in de buurt en je levert 21 stuks af.
31. Bereken
    a. 2 × daags 5 tabletten van 500 mg
    b. 2 × daags 4 tabletten van 500 mg
    c. 2 × daags 4 tabletten van 500 mg en 2 × daags 1 tablet van 300 mg
    d. 2 × daags 5 tabletten van 500 mg en 2 × daags 1 tablet van 300 mg
32. Bereken
    a. juist
    b. juist
    c. onjuist
    d. onjuist
33. Bereken
    a. 1 × daags 1 capsule van 100 mg
    b. 2 × daags 1 capsule van 100 mg en 1 × daags 1 capsule van 50 mg
    c. 2 × daags 2 capsules van 100 mg, op dag 1, 3 en 5 van de week
    d. 2 × daags 1 capsule van 100 mg en 1 × daags 1 capsule van 50 mg
    e. 1 × daags 1 capsule van 100 mg
    f. 347,5 mg per dag op dag 1, 3, en 5 van de week; 1^e gift 2 capsules van 200 mg, 2^e gift 1 capsule van 100 mg + 1 capsule van 50 mg
34. Bereken
    a. 54 mg = 0,3 ml
    b. 194 mg = 1 ml
    c. 141 mg = 0,7 ml
    d. 61,8 mg = 0,3 ml

Hoofdstuk 9

1. Bereken
    a. € 0,60 erbij vragen en € 5,– teruggeven
    b. € 0,05 erbij vragen en € 1,– teruggeven
    c. € 3,65 erbij vragen in plaats van € 20,– of € 4,– erbij vragen en € 20,35 teruggeven

d. € 2,50 teruggeven of € 0,50 erbij vragen en € 3,- teruggeven
e. € 6,05 teruggeven; € 4,95 erbij vragen en € 10,- teruggeven of € 5,- erbij vragen en € 10,05 teruggeven
2. d
3. b
4. b
5. c
6. a
7. c, d
8. a, b en d
9. Bereken
   a. Fabrikant D
   b. De apotheek betaalt € 1,00 per jaar terug.
10. Bereken
    a. Fabrikant D
    b. De apotheek betaalt € 4,00 per jaar terug.
11. Bereken
    a. Fabrikant B
    b. De apotheek betaalt € 3,97 per jaar terug.
12. Bereken
    a. Fabrikant D
    b. De apotheek betaalt € 27,00 per jaar terug.
13. Bereken
    a. Fabrikant C
    b. De apotheek betaalt € 8,25 per jaar terug.
14. Bereken
    a. Fabrikant A
    b. De apotheek betaalt € 28,00 per jaar terug.
15. € 59,41
16. € 100,-
17. € 110,21
18. € 29,29
19. € 112,88
20. € 15,-
21. € 71,58
22. € 1.742,50
23. 27,27 %
24. 17,65 %
25. 38,03 %
26. 2,35 %
27. inkoopprijs € 150,00; verkoopprijs incl. korting € 199,00; verkoopprijs excl. korting € 239,00; winst incl. korting € 49,00; winstmarge incl. korting 24,62 %; winst excl. korting € 89,00; winstmarge excl. korting 37,24 %;
28. inkoopprijs € 187,50; verkoopprijs incl. korting € 224,25; verkoopprijs excl. korting € 299,25; winst incl. korting € 36,75; winstmarge incl. korting 16,39 %; winst excl. korting € 111,75; winstmarge excl. korting 37,34 %;
29. inkoopprijs € 206,25; verkoopprijs incl. korting € 273,75; verkoopprijs excl. korting € 323,75; winst incl. korting € 67,50; winstmarge incl. korting 24,66 %; winst excl. korting € 117,50; winstmarge excl. korting 36,29 %;

30. inkoopprijs € 275,00; verkoopprijs incl. korting € 300,00; verkoopprijs excl. korting € 335,00;
winst incl. korting € 25,00; winstmarge incl. korting 8,33 %;
winst excl. korting € 60,00; winstmarge excl. korting 17,91 %;
31. break-evenafzet = 11.458 doosjes; break-evenomzet € 36.781,25; geen verlies, de apotheek verkoopt meer dan break-evenafzet.
32. Bereken
    a. 440 potten
    b. € 11.000
33. break-evenafzet 330 zakjes; break-evenomzet € 495; geen verlies.
34. Bereken
    a. 1.976 stuks
    b. € 28.691,52
35. break-evenafzet 1.412 artikelen; break-evenomzet € 2.118
36. break-evenafzet 972 artikelen; break-evenomzet € 2.750,76
37. break-evenafzet 466 artikelen; break-evenomzet € 2.376,60
38. break-evenafzet 80 artikelen; break-evenomzet € 1.264
39. Bereken
    a. 15,50 + 21 % btw = € 18,755; break-evenafzet 27 flacons; break-evenomzet € 506,39.
    b. Nee, daar kan hij niet aan voldoen.
40. Bereken
    a. 9,50 + 21 % btw = € 11,495; break-evenafzet 29 producten; break-evenomzet € 333,36.
    b. Ja, daar kan hij aan voldoen.
41. Bereken
    a. break-evenafzet 10.000 producten, break-evenomzet € 49.500
    b. Nee, daar kan hij niet aan voldoen.
42. € 2.238,50
43. Bereken
    a. € 582,64
    b. € 617,60
44. € 30,82
45. € 202,34
46. € 13,88
47. € 158,33
48. € 20,06
49. € 42,29
50. € 79,07
51. € 71,49
52. € 45,45
53. € 21,28
54. € 8,22
55. € 36,86

Hoofdstuk 10

1. Bereken
    a. $2{,}6 \cdot 10^5$

b. $4{,}7 \cdot 10^{21}$
c. omdat uiteindelijk er niet voldoende voedsel voor de bacterie is om te groeien
2. 34 uur
3. Bereken
   a. 20
   b. $8{,}33 \cdot 10^{16}$
   c. $3{,}8 \cdot 10^{13}$
   d. 4
   e. $3{,}98 \cdot 10^{1}$
   f. 2×10^{2}
4. Bereken
   a. $8{,}88 \cdot 10^{-14}$ l
   b. $2{,}22 \cdot 10^{-12}$ millimol
   c. $\dfrac{10\,\text{mmol}}{0{,}4\,\text{liter}} = 25\,\text{mmol/liter}$
5. Bereken
   a. 16
   b. 6
   c. 12
   a. 3,96

Hoofdstuk 11

1. 7 mm
2. Bereken
   a. nee
   b. nee
   c. Alle leerlingen meten, de lengtes bij elkaar optellen en delen door het aantal leerlingen.
3. Bereken
   a. frequentietabel:

cijfer	1	2	3	4	5	6	7	8	9	10
frequentie	5	4	2	0	7	3	1	0	3	0

   b. de modus is 5
   c. het gemiddelde is 4,24
   d. ja
4. eigen antwoord
   a.
   b.
5. Bereken
   a. 15 gram
   b. $\dfrac{15}{1.000} \times 100\% = 1{,}5\%$
6. Bereken
   a. 838 gram
   b. 38 g
   c. 4,75 %

7. Bereken
   a. de spreidingsbreedte is 21 g
   b. de systematische afwijking $= -2{,}75$ g $= -1{,}1$ %
8. Bereken
   a. de spreidingsbreedte is 25 g
   b. de systematische afwijking $= 3{,}2$ g $= 0{,}71$ %
9. Bereken

	rij A	rij B
a. spreidingsbreedte	9	0,8
b. gemiddelde	5,5	5,5
c. standaarddeviatie	3,03	0,27
d. relatieve standaarddeviatie	55 %	4,9 %

   e. het gemiddelde is gelijk, maar de standaarddeviatie is erg verschillend

10. Bereken

	toets 1	toets 2
a. spreidingsbreedte	5,8	2,6
b. gemiddelde	6,02	6,06
c. standaarddeviatie	2,4	1,03
d. relatieve standaarddeviatie	39,8 %	17 %

   e. toets 2 is het vriendelijkst, omdat de afwijking daar het kleinst is

11. eigen antwoord
    a.
    b.
    c.
12. Bereken
    a. 0,21516 g
    b. $8{,}46 \cdot 10^{-3}$ g; 3,93 %
13. Bereken
    a. 1.003,65 mg
    b. 47,58 mg; 4,74 %
14. Bereken
    a. 302,4 mg
    b. 16,39 mg; 5,42 %

If you have any concerns about our products,
you can contact us on
ProductSafety@springernature.com

In case Publisher is established outside the EU,
the EU authorized representative is:
**Springer Nature Customer Service Center GmbH
Europaplatz 3, 69115 Heidelberg, Germany**

Printed by Libri Plureos GmbH
in Hamburg, Germany